최신 개정

다락원 중국어 마스터

박정구 · 백은희 · 마원나 · 샤오잉 공저

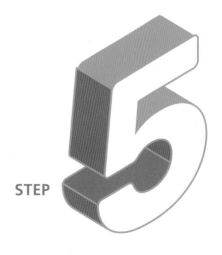
STEP 5

다락원

다락원 홈페이지에서 MP3 파일
다운로드 및 실시간 재생 서비스

최신개정
다락원 중국어 마스터 STEP 5

지은이 박정구, 백은희, 마원나, 샤오잉
펴낸이 정규도
펴낸곳 (주)다락원

제1판 1쇄 발행 2011년 7월 26일
제2판 1쇄 발행 2022년 7월 25일

기획·편집 오혜령, 이상윤
디자인 구수정, 이승현
일러스트 최석현, 김지하
사진 Shutterstock, Wikimedia Commons

다락원 경기도 파주시 문발로 211
전화 (02)736-2031 (내선 250~252 / 내선 430, 435)
팩스 (02)732-2037
출판등록 1977년 9월 16일 제406-2008-000007호

정가 17,000원 (본서+워크북+MP3 다운로드)
ISBN 978-89-277-2304-2 14720
       978-89-277-2287-8 (set)

Photo Credits
Shutterstock
beibaoke (p.134) | Takashi Images (p.154)
Wikimedia Commons
Urga (p.66)
https://commons.wikimedia.org/wiki/File:%E7%94%B2%E9%AA%A8
%E6%96%87_01.jpg?uselang=ko

www.darakwon.co.kr
다락원 홈페이지를 방문하시면 상세한 출판 정보와 함께 동영상 강좌, MP3 자료 등 다양한 어학
정보를 얻으실 수 있습니다.

들어가는 말

여러분은 어떤 이유로 중국어를 배우게 되었나요? 여러분이 중국어를 배우는 동기는 다양하겠지만, 하나의 공통된 목표를 가지고 있을 것입니다. 중국어를 재미있고 효과적으로 잘 배우고 싶다는 것.

중국어가 기타 외국어와 다른 독특한 특징은 중국어를 배우는 데 있어서 핵심적 요소이며, 가장 흥미 있는 부분입니다. 예를 들어 볼까요? 중국어는 운율 언어입니다. 성조(음의 높낮이)를 갖고 있고 강약과 템포가 살아 있는 언어라는 말입니다. 이 운율이 있는 언어를 배우는 과정은 학습자에게 큰 즐거움을 느끼게 합니다. 또한, 중국어 문장은 매우 간결합니다. 한두 개의 한자가 하나의 단어를 이루고, 문법 특징이 간결하며 시제·일치·성(性)·수(數) 등과 같은 복잡한 표현이 없습니다. 따라서 학습에 있어서도 간결하고 핵심적인 이해만을 요구합니다.

이제까지 한국 학생들이 많이 찾은 중국어 책은 중국에서 출판되고 한국에서 번역된 것이 대부분입니다. 그 책들은 대부분 중국인의 시각에서 쓰여졌기 때문에 한국 학생들의 가려운 부분을 시원하게 긁어 주지 못하는 면이 많습니다. 본 서는 한국인의 입장에서 효율적이고 흥미롭게 중국어를 배울 수 있는 구성과 체제를 갖추고, 의사소통 능력 습득이라는 외국어 학습의 목표를 최대한 실현하려 노력했습니다. 리듬감 있는 중국어의 운율을 살리는 낭독 연습과 중요한 사항을 명확하게 알려주는 팁, 간결하고 명쾌한 문법 설명 등을 적소에 배치하였고, 스토리의 구성과 내용에서도 흥미를 줄 수 있고 생동감 있는 필수 회화 표현을 넣었습니다. 또한 워크북을 따로 두어 예습과 복습을 통해 언어능력을 확고히 다질 수 있도록 했습니다.

처음 본 서 제1판이 출판된 이후 지금까지 10년 가까운 시간이 흘렀습니다. 10년이면 강산이 변한다고 했듯이 그동안 한국과 중국은 사람들의 의식뿐만 아니라, 사회·문화·경제적으로 많은 변화를 겪었습니다. 이러한 변화는 언어의 내용과 형식에 반영되기 마련이므로, 이를 최대한 반영하고 구성과 내용을 새롭게 단장하여 개정판을 출판합니다. 앞으로 본 서와 함께하는 여러분의 중국어 학습 여정이 항상 즐겁고 유쾌하길 바라고, 그 과정에서 여러분의 중국어도 끊임없는 발전이 있길 기대합니다.

박정구   매나리   马雯娜   肖颖

이 책의 구성과 활용법

단어 시작이 반이다

각 과의 새 단어를 빠짐 없이 순서대로 제시하여, 회화를 배우기 전에 더욱 효과적으로 단어를 학습할 수 있도록 했습니다.

문장 리듬을 만나다

중국어는 강약과 템포가 살아 있는 운율 언어입니다.
'문장, 리듬을 만나다'는 각 과의 주요 문장을 강세와 띄어 읽기로 중국어의 운율을 살려 리듬감 있게 낭독할 수 있도록 하는 데 초점을 두었습니다.
제1강세, 제2강세, 띄어 읽기를 통해 리듬을 느끼며 문장을 익혀 보세요.

회화 내 입에서 춤추다

자연스러운 베이징식 구어 표현과 실용 회화를 배울 수 있는 핵심 본문입니다. 본문 내용이 연상되는 삽화와 함께 학습할 수 있도록 하였고 본문 하단의 '아하! 그렇구나'에서는 난해한 표현들을 쉽게 이해할 수 있도록 주석을 제시했습니다. 또한 회화 내용을 단문으로 정리해 독해 능력과 말하기 능력을 동시에 키울 수 있도록 했습니다.

표현 날개를 달다

중급 수준의 회화에서 다루어야 할 주요 표현을 간결한 설명, 풍부한 예문과 함께 제시하여 학습자들이 쉽게 이해할 수 있도록 했습니다. 또한 배운 내용을 바로 습득할 수 있는 확인 문제들이 제시되어 있습니다.

회화 가지를 치다

각 과의 핵심이 되는 주요 문장으로 교체 연습을 할 수 있는 코너입니다. 줄기에서 여러 개의 가지가 자라듯 기본 문장과 교체 단어를 이용해 여러 표현으로 말하는 연습을 할 수 있습니다.

연습 실력이 늘다

각 과에서 배운 핵심 표현을 이해하고 연습할 수 있는 듣기·말하기·읽기·쓰기의 다양한 문제들이 제시되어 있습니다. 특히 한국인 학습자들이 많이 취약한 듣기와 말하기 기능을 집중적으로 훈련할 수 있도록 했습니다.

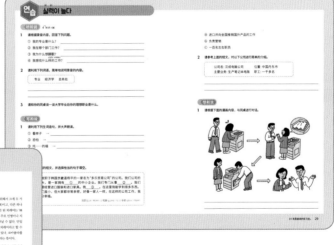

중국 그리고 중국 문화

변화하는 중국의 다양하고 생생한 이야기가 사진과 함께 제시되어 있습니다.

워크북

예습하기

수업에 들어가기 앞서 본문에서 나오는 단어를 써 보며 예습하는 코너입니다. 여러 번 쓰고 발음해 보는 연습 과정을 통해 단어를 쉽게 암기할 수 있습니다.

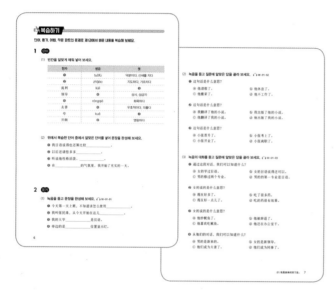

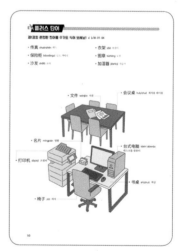

복습하기

배운 내용을 복습하는 코너로, 각 과에서 배운 내용을 문제 형식으로 풀어 보며 단어·듣기·어법·작문 실력을 골고루 향상시킬 수 있습니다.

플러스 단어

각 과의 내용과 관련된 확장 단어를 배우는 코너입니다. 어휘량을 늘려 더 자유로운 회화 표현을 구사할 수 있습니다.

* 워크북의 정답 및 녹음 대본은 다락원 홈페이지(www.darakwon.co.kr)의 '학습자료 ▶ 중국어'에서 다운로드할 수 있습니다.

MP3 다운로드

* 녹음 해당 부분에 MP3 트랙 번호가 기재되어 있습니다.
　본책 🎧 05-03　　**워크북** 🎧 W-05-03

* 교재의 MP3 음원은 '다락원 홈페이지(www.darakwon.co.kr)'를 통해서 무료로 다운로드할 수 있습니다.

* 스마트폰으로 QR코드를 스캔하면 MP3 다운로드 및 실시간 재생 가능한 페이지로 바로 연결됩니다.

차례

학습 내용	핵심 표현	중국 그리고 중국 문화

01 **我是新来的实习生。** 저는 새로 온 인턴사원입니다.
Wǒ shì xīn lái de shíxíshēng. **19**

학습 내용	핵심 표현	중국 그리고 중국 문화
• 직장생활과 관련된 표현 • '先……，然后……' 구문 표현 • '经'을 이용한 과정이나 수단 표현	• 先……，然后…… • 经 • 没少 • 尽管	• 중국인이 읽는 외래 상표

02 **中国人为什么这么喜欢喝茶?** 중국인은 왜 이렇게 차 마시는 걸 좋아하나요?
Zhōngguórén wèishénme zhème xǐhuan hē chá? **31**

학습 내용	핵심 표현	중국 그리고 중국 문화
• 중국의 차 문화와 관련된 표현 • '跟……相比' 구문 표현 • '还是'를 이용한 선호 표현	• 跟……相比 • 还是 • 동사+个+형용사/동사 • 不……不……也得……吧	• 중국의 전통악기 얼후(二胡)

03 **你能给我介绍介绍中国人的饮食礼仪吗?** 중국인의 식사 예절에 대해 소개 좀 해 주실래요? **43**
Nǐ néng gěi wǒ jièshào jièshào Zhōngguórén de yǐnshí lǐyí ma?

학습 내용	핵심 표현	중국 그리고 중국 문화
• 중국의 식사 예절과 관련된 표현 • 양사의 중첩 표현 • '什么……不……的' 구문 표현	• 少说也 • 양사(量词)의 중첩 • ……惯 • 什么……不……的	• 중국 음식에 담긴 이야기

04 **你猜猜我的血型是什么?** 내 혈액형이 뭔지 알아맞혀 볼래요?
Nǐ cāicai wǒ de xuèxíng shì shénme? **55**

학습 내용	핵심 표현	중국 그리고 중국 문화
• 성격 및 운세와 관련된 표현 • '从……来看' 구문 표현 • '不见得'를 이용한 부정적 추측 표현	• 从……来看 • 不见得 • 说不定 • 反而……	• 가장 오래된 점괘의 기록, 갑골문

다락원 중국어 마스터 시리즈의 특징

국내 최고 교수진의 다년간의 교수 경험을 바탕으로 개발된, 한국인을 위한 중국어 학습 교재의 결정체 『다락원 중국어 마스터』의 최신개정판! 기존의 『다락원 중국어 마스터』의 특장점은 유지하면서 시대의 흐름과 변화를 반영했고, 학습자의 눈높이에 맞춰 새단장했습니다.

특징1 듣기와 말하기 기능을 집중적으로 훈련

『최신개정 다락원 중국어 마스터』 시리즈는 변화하는 중국어 학습 환경과 학습법을 효과적으로 접목시켜, 말하기·듣기·읽기·쓰기의 네 가지 언어 기능을 통합적으로 습득할 수 있도록 구성했습니다. 특히 듣기와 말하기 기능을 집중 훈련할 수 있도록 본문 전체에 걸쳐 다양한 장치를 두었으며, 자연스러운 베이징식 구어 표현을 최대한 담아낼 수 있도록 했습니다.

특징2 일상생활에 바로 활용할 수 있도록 실용성 강조

배운 문장을 실생활에 바로 사용할 수 있도록 실용성에 많은 비중을 두고 집필되었습니다. 즉 일상생활·학습·교제 등에 직접적으로 연관되는 내용을 중심으로 본문이 구성되었으며, 어법 설명의 예문이나 연습문제 역시 일상 회화표현 중에서 엄선했습니다. 본문의 어휘는 중국인이 많이 사용하는 빈도수를 최대한 고려하여 배치했습니다.

특징3 한국인을 대상으로 하는, 강의에 적합한 교재로 개발

학습자들의 언어 환경이 한국어인 점을 고려하여 듣고 말하기를 충분히 반복하고 응용할 수 있는 코너를 다양하게 두었습니다. 또한 어법을 난이도에 따라 배치하고, 앞에서 학습한 어휘와 어법을 뒷과에서 반복하여 등장시킴으로써 학습자들이 무의식중에 자연스럽게 앞서 배운 내용을 복습할 수 있도록 했습니다.

다락원 중국어 마스터 시리즈의 **어법 및 표현 정리**

★ 중국어 입문부터 시작하여 고급중국어를 구사하기까지 학습자의 든든한 멘토가 되어 줄 『최신개정 다락원 중국어 마스터』! STEP 1부터~STEP 6까지 총6단계의 시리즈를 통해 배우게 될 주요 어법 및 표현을 예문과 함께 정리했습니다.

STEP 1

01과
- a o e i(-i) u ü
- b p m f d t n l
- g k h j q x
- z c s zh ch sh r

02과
- ai ao ei ou
- an en ang eng ong

03과
- ia ie iao iou(iu)
- ian in iang ing iong
- üe üan ün

04과
- ua uo uai uei(ui)
- uan uen(un) uang ueng
- er

05과
- 是자문 我是中国人。
- 개사 在 我在银行工作。
- 인칭대사 我 / 你 / 他

06과
- 중국어 숫자 표현 一 / 二 / 三……
- 양사 一个妹妹
- 有자문 我有弟弟。
- 나이를 묻는 표현 你今年几岁?
- 多＋형용사 你今年多大?

07과
- 시각의 표현 2:05 → 两点五分
- 년, 월, 일, 요일 표현 今年 / 下个月 / 星期一

08과
- 명사술어문 现在不是三点十分。
- 조사 吧 他有弟弟吧?

09과
- 런민삐 읽는 방법 2.22元 → 两块二毛二
- 정반(正反)의문문 有没有别的颜色的?
- 조동사 我要学汉语。

10과
- 시태조사 过 他没来过我家。
- 조동사 会，想 我会做中国菜。/ 我想去中国。
- 연동문 我们一起去玩儿吧。

11과
- 겸어문 你请他打电话吧!
- 개사 给 我想给他买一本书。

12과
- 방위사 前边有一个公园。
- 존재문(有，在，是) 我家后边有一个银行。

13과
- 比 비교문 今天比昨天热。
- 감탄문 这件衣服真漂亮啊!
- 不用 不用客气!
- 听说 听说她很漂亮。

14과
- 선택의문문 你要这个还是那个?
- 개사 离 我家离这儿很远。
- 从A到B 我从八点到十二点上课。
- 如果 如果你来韩国，我一定带你去。

- 或者……，或者……
  或者在家看电视，或者出去和朋友们一起玩儿。
- 有时……，有时……
  这儿的天气真奇怪，有时冷，有时热。

03과
- 什么！ 看电影，哭什么！
- 可 我可没说过我喜欢你呀！
- 光 我们光谈学校生活了，没谈别的。
- 起来 看起来，你这个学期也并不轻松。
- 不管 不管刮风还是下雨，我们都要去。

04과
- 没有……那么/这么……
  我打得没有你那么好。
- 等 等他来了再说吧。
- 咱们 咱们打一场，怎么样？
- A不如B 我的汉语不如他好。
- 因此
  我跟他在一起十年了，因此很了解他的性格。

05과
- 看上去 叔叔、阿姨看上去很慈祥。
- 出来 我听出来了，他是东北人。
- ……是……，不过……
  我们外表像是像，不过性格完全不同。
- 却 我学了三年汉语，水平却不高。
- 一……，就……
  天气一冷，我就不想出去。

06과
- 双 给我拿双42号的试一试。
- 不怎么 我不怎么喜欢这种款式的。
- 打……折 原价400元，打八折，现价320元。
- 稍微 这张桌子比那张桌子稍微大一些。
- 上 为什么这么多人都会喜欢上他呢？

08과
- 谁都 谁都知道，这是垃圾食品。
- 连……都…… 我连菜谱都能背下来了。
- 既然 既然你病了，就在家里休息吧。
- ……什么，……什么 你吃什么，我就吃什么。
- 起来 现在是午餐时间，人开始多起来了。

09과
- 不但不/没……，反而……
  不但没好，病情反而更加严重了。
- 再……也……
  再忙也不能不顾身体呀！
- 不然……
  最好住院，不然病情很有可能恶化。
- 对……进行……
  他对中国文化进行了十年的研究。
- 只好 外边下雨，我们只好待在家里。

10과
- 正要 真是太巧了，我正要给你打电话呢。
- 怎么也 这个箱子太重了，怎么也搬不动。
- 万一/如果
  万一他关机，我跟他联系不上，可怎么办？
- 来着
  我们昨天见的那个中国人，叫什么名字来着？
- 到时候 到时候，我们不见不散。

11과
- 偏偏
  这个时间车堵得很厉害，可他偏偏要开车去。
- 不但……，而且……
  她不但长得很漂亮，而且很聪明。
- 可……了 哎哟，这可糟了，坐过站了。
- 该 现在我们该怎么办呢？
- 就是……，也…… 就是堵车，我也坐公交车。

12과
- 往 这列火车开往北京。
- 按照 按照规定一个星期就能到。
- 说不定 他发烧了，说不定明天不来上课。
- 既……，也…… 这件衣服既很漂亮，也很便宜。
- 正好 你来得正好。

13과
- 多 他已经三十多岁了。
- 不是……，就是……
  我每天不是学校就是宿舍，没去过什么地方。
- 没……什么…… 今天我上街，没买什么。
- 顺便 如果顺便去趟上海，恐怕要八九天。
- 与其……，不如……
  与其在这儿等，不如去找他。

01과

- 要么……，要么……
  我俩要么去看电影，要么去旅行，可有意思啦!

- 好
  平时书包里放把雨伞，下雨的时候好用。

- A就A(吧)
  他不高兴就不高兴吧，我也没办法。

- 只有……才……
  只有他来才能解决这个问题。

- 就
  别人都有了自己的心上人，就我还是孤单一人。

02과

- 显得……　他今天显得特别高兴。

- 是不是　是不是他告诉你的?

- 不妨　你跟我们一起去也不妨。

- 着呢　小明新烫的发型漂亮着呢。

- 要不
  这倒也是，天气越来越热，要不我也剪个短发?

03과

- ……来……去
  我问来问去，不知不觉就学会修理了。

- 有+명사+동사
  他有能力解决这个问题。

- 到底
  你的电脑到底有什么问题?

- 好不容易
  去了好几家书店好不容易才买到那本书。

- 非得……不可
  以后电脑出了故障，非得找你不可啦。

04과

- 동목이합사　我们见过一次面。

- 连A带B　连钱包带护照都丢了。

- 除非……，否则……
  除非他来请我，否则我不会去的。

- 倒是……，只是……
  他倒是很善良，只是没有勇气。

- 이중목적어문　能不能借我点儿钱?

05과

- 表示……
  我早就想对你们的帮助表示感谢。

05과 (continued)

- 以A为B
  在我心中早就以北京为我的第二故乡了。

- 以便
  我们应该提前通知大家，以便大家做好准备。

- 人家
  你让我休息一会儿吧，人家都要累死了。

- 동사+下
  这个书包能装下这些词典。

06과

- 又　天气预报又不是那么准。

- 从来　这种事我从来没听说过。

- 从……起　从下周起放暑假。

- 以防
  从今天起我得在书包里放一把小雨伞，以防万一。

- 差点儿　我差点儿把钱包丢了。

08과

- 기간+没 / 不……
  两个月没见，你怎么发福了?

- ……也好，……也好
  跑步也好，爬山也好，多做一些有氧运动吧。

- ……下去
  你再这样胖下去，可不行。

- 必须
  你必须改变一下你的饮食习惯。

- 尽量
  晚饭不要吃得太晚，尽量少吃零食。

09과

- 竟然
  他学习那么认真，没想到竟然没考上大学。

- 동사+着
  说着中国菜，肚子还真有点儿饿。

- 往
  请大家往右看，那家就是北京书店。

- 동사+成
  云能变成雨，所以天上有云才会下雨。

- 够……的
  今年北京的夏天可真够热的。

10과

- 비술어성 형용사
  显示屏不小，也很薄，是新型的吧?

- 随着
  人们的思想随着社会的变化而变化。

· 嘛
　有手机就可以坐车，也可以买东西嘛。

· 别提……
　拍出的照片别提多清晰了!

· 难道　难道你想和我的距离变远吗?

11과

· 哪怕……，也……
　哪怕没看过的人，也都知道《大长今》这个韩剧。

· 就
　参加这次活动的人不少，光我们班就有八个。

· 上下
　听说土耳其的收视率在95%上下。

· 在……上
　在这个问题上，我同意他的意见。

· 值得　汉江公园值得一去。

12과

· 肯……　不知你是否肯去银行工作?

· 宁可A也不B
　宁可少挣点儿去贸易公司，也不想去银行。

· 任何
　任何事都不能强求。

· 何必……呢?
　你肯定能找到好工作，何必这么谦虚呢?

· 只不过……罢了
　上次只不过是运气不好罢了。

13과

· 以来
　今年年初以来，我已经去过中国六次了。

· 再……不过了
　那可再好不过了。

· 难得
　难得你为我想得那么周到，真太谢谢你了。

· ……过来
　把"福"字倒过来贴。

· 不是A，而是B
　他说的那个人不是雨林，而是我。

01과

· 先……，然后……
　你等着，我先看，然后再给你看。

· 经　他的小说是经我翻译出版的。

· 没少　北京市这些年可没少盖房。

· 尽管　如果你需要，尽管拿去用吧。

02과

· 跟……相比
　这本书跟其他三本比起来，内容难了一些。

· 还是
　今天有点儿热，我们还是喝冰咖啡吧。

· 동사+个+형용사/동사
　大家不仅要"吃个饱"，还要"喝个够"。

· 不……不……也得……吧
　这盒巧克力是女朋友给我买的，不吃不吃也得尝一口吧。

03과

· 少说也　我戴眼镜，少说也有十年了。

· 양사(量词)의 중첩　道道菜都精致、可口。

· ……惯　很多韩国人都吃不惯香菜。

· 什么……不……的
　什么时髦不时髦的，衣服能穿就行了。

04과

· 从……来看　从这一点来看，他的看法有问题。

· 不见得　通过血型不见得就能断定一个人的性格。

· 说不定
　你以为他不对，但说不定他说得没错。

· 反而……
　他见到我，不但不高兴，反而向我发脾气。

05과

· ……不得了
　没想到，你对汉妮真的爱得不得了。

· 被……所……
　老师深深地被这些学生所感动。

· 省得　多穿点儿衣服，省得感冒。

· 这不
　他们俩好像吵架了，这不，他们一前一后地走着，一句话也不说。

07과

- **在……看来**
  在他看来，这件事不应该这么办。

- **在于……**
  我觉得"美"并不在于一个人的外貌。

- **长……短……**
  有些人只重视外表，每天长打扮短打扮的，却很少注重内心的修养。

- **莫非** 莫非我听错了不成？

08과

- **趁……**
  日子就订在国庆节，趁放长假正好去度蜜月。

- **……齐**
  电视、冰箱、洗衣机这"三大件"都买齐了？

- **少不了**
  结婚那天少不了彩车、酒席和摄像。

- **别说A，就(是)B也 / 都**
  我到现在一直忙工作，别说早饭，就是午饭也没顾得上吃。

09과

- **……来** 他今天走了六里来路。

- **형용사+비교 대상** 他小马玲两岁。

- **该多……啊**
  如果你不离开这儿该多好哇！

- **……吧……，……吧……**
  在家吧，一个人没意思，出去玩儿吧，外边又太冷。

10과

- **一……比一……**
  雨一阵比一阵大，我们快走吧。

- **对……来说**
  对韩国人来说，过年的时候互相拜年是必不可少的活动。

- **每**
  每到春节，我都回家乡。

- **至于……**
  他们离婚了，至于他们为什么离婚，谁也不知道。

11과

- **多+동사+비교 수량**
  我觉得中国男人比韩国男人多做不少家务。

- **再……也……**
  你再怎么劝，他也不会听的。

- **否则……**
  我们有家务一起干，否则会很容易引起家庭矛盾。

- **一来……，二来……**
  他每天放学后，都会去打工。一来是为了挣点儿钱，二来是为了开阔眼界。

01과

- **直**
  听了孩子说的这些话，我直想哭。

- **甚至**
  他抓紧一切世间写作，甚至连放假期间都不肯休息。

- **一旦……(就)**
  人们都认为一旦名字没起好就会影响人一生的命运。

- **于**
  青藏高原位于中国的西南部。

02과

- **所谓……** 所谓"炎黄"就是指炎帝和黄帝。

- **好比……** 这就好比韩国的"檀君神话"。

- **……下来** 这是韩国自古流传下来的神话。

- **之所以……** 他之所以跳槽，是因为跟科长合不来。

03과

- **还……呢** 你还中国通呢，怎么连这都不知道？

- **各有各的……** 看起来，每个国家都各有各的特色。

- **受……** 受领导宠信或重用的人叫"红人"等等。

- **则** 说起来容易，做起来则没那么容易。

04과

- **要A有A，要B有B**
  我女朋友要外貌有外貌，要人品有人品。

- **再说**
  再说男人和女人的眼光不一样。

- **未必……**
  男人觉得漂亮的，女人未必就喜欢。

- **不至于……**
  不至于有这么多讲究吧。

05과

- **由**
  京剧中的女主角都是由男人扮演的。

- **为(了)……起见**
  为了保险起见，我还特意在网上订了两张票。

- 用以
  他举了几个例子，用以证明他的观点。
- 使得
  其动作之敏捷，使得观众无不为之惊叹、喝彩。

07과
- 在……下
  这篇论文是在朴教授的指导下完成的。
- ……就是了
  少林寺诵经拜佛就是了，为什么还练武术？
- ……也是……不如
  今年暑假我们俩闲着也是闲着，不如一起去少林寺看看怎么样？
- 一肚子
  他一肚子火没地方发。

08과
- 时……时……
  沙漠的气候时冷时热，变化无常。
- 直到……
  千佛洞直到1900年才被世人发现。
- 白……
  闹半天，我白说了这么多，原来是"班门弄斧"。
- 何况
  连你都知道这么多，更何况你表哥呢。

09과
- 要说
  要说他的这辆老爷车，的确不省油。
- 可见
  可见西安、洛阳、南京和北京不失为中国的"四大古都"。
- ……不过
  要说中国的历史，恐怕谁都说不过你。
- 명사구+了
  瞧你说的，这都什么时代了。

10과
- 发……
  我可是一听古诗头就发晕。
- ……似的
  李白的诗的确别有风韵，听了他的诗就仿佛身临其境似的。
- A有A的……，B有B的……
  国有企业和乡镇企业大有大的难处，小有小的优势。
- 何尝
  我何尝去过那样的地方？

11과
- 才……又……
  我才学会了一点儿普通话，难道又要学广东话？
- 没什么……
  谢天谢地，普通话只有四个声调，这回我可没什么不满可言了。
- 大／小+양사
  这么一小间屋子怎么能住得下五个人？
- 不免
  今年雨下得特别多，庄稼不免受了很大影响。

일러두기

★ 이 책의 고유명사 표기는 다음과 같습니다.

① 중국의 지명·건물·기관·관광 명소의 명칭 등은 중국어 발음을 한국어로 표기하는 것을 원칙으로 하였습니다. 단, 우리에게 널리 알려진 고유명사의 경우에는 한자 발음으로 표기했습니다. 예 北京 → 베이징   兵马俑 → 병마용

② 인명의 경우, 각 나라에서 실제 읽히는 발음을 기준으로 하여 한국어로 그 발음을 표기했습니다. 예 张民珠 → 장민주   大卫 → 데이빗

★ 중국어의 품사는 다음과 같이 약자로 표기했습니다.

명사	명	개사	개	감탄사	감	지시대사	대
동사	동	고유명사	고유	접두사	접두	어기조사	조
부사	부	형용사	형	접미사	접미	시태조사	조
수사	수	조동사	조동	인칭대사	대	구조조사	조
양사	양	접속사	접	의문대사	대		

★ 주요 등장인물

장민주
张民珠

한국인
대학 휴학 중
중국 회사에서
인턴사원으로
근무 중

우더화
吴德华

중국인
장민주가
근무하는 회사
총무처 직원

왕훙웨이
王宏伟

중국인
엔지니어
마링과
결혼 예정

마링
马玲

중국인
회사원
왕훙웨이와
결혼 예정

이동환
李东焕

한국인
회사원
군 제대 후
올해 입사

추이시우란
崔秀兰

중국인
대학생
한국어 전공

我是新来的实习生。

저는 새로 온 인턴사원입니다.

1

직장생활과
관련된 표현

2

'先⋯⋯, 然后⋯⋯'
구문 표현

3

'经'을 이용한
과정이나 수단 표현

- 实习生 shíxíshēng 몡 인턴사원, 실습생
- 电源 diànyuán 몡 전원
- 预热 yùrè 동 예열하다
- 出现 chūxiàn 동 나타나다
- 信号 xìnhào 몡 신호
- 显示 xiǎnshì 동 나타내다 몡 표시
- 复印 fùyìn 동 복사하다
- 纸盒 zhǐhé 몡 종이함
- 卡 qiǎ 동 걸리다, 끼다
- 位置 wèizhi 몡 위치
- 现象 xiànxiàng 몡 현상
- 随便 suíbiàn 부 함부로, 아무렇게나
- 机器 jīqì 몡 기계, 기기
- 说明书 shuōmíngshū 몡 설명서
- 操作 cāozuò 동 조작하다, 다루다
- 托福 tuōfú 동 덕분이다, 신세를 지다
- 实习期 shíxíqī 몡 인턴기간, 실습기간
- 指教 zhǐjiào 동 지도하다, 가르치다
- 总务处 zǒngwùchù 몡 총무처
- 性格 xìnggé 몡 성격
- 活泼 huópō 형 활발하다
- 开朗 kāilǎng 형 명랑하다
- 夸 kuā 동 칭찬하다

- 流利 liúlì 형 유창하다, 막힘이 없다
- 尽管 jǐnguǎn 부 비록 ~하더라도, ~에도 불구하고
- 兴奋 xīngfèn 형 흥분하다
- 领导 lǐngdǎo 몡 상사, 상급자
- 自我介绍 zìwǒ jièshào 자기소개
- 办公室 bàngōngshì 몡 사무실
- 成员 chéngyuán 몡 구성원
- 热情 rèqíng 형 친절하다
- 友善 yǒushàn 형 우호적이다, 의좋다
- 融洽 róngqià 형 화목하다
- 气氛 qìfēn 몡 분위기
- 充实 chōngshí 형 충만하다
- 具有 jùyǒu 동 있다, 지니다
- 挑战性 tiǎozhànxìng 몡 도전정신
- 人生 rénshēng 몡 인생
- 段 duàn 양 부분

제1강세, 제2강세, 띄어 읽기로 리듬을 느끼며 다음 문장을 익혀 보세요. 🎧01-02

1

我是 // 新来的 // 实习生，
Wǒ shì xīn lái de shíxíshēng,

今天 / 第一天上班，
jīntiān dì yī tiān shàngbān,

不知道 // 该怎么使用 / 复印机。
bù zhīdao gāi zěnme shǐyòng fùyìnjī.

저는 새로 온 인턴사원인데 오늘 첫 출근이라서 복사기를 어떻게 사용해야 하는지 모르겠어요.

2

旁边的 // 是卡纸位置 / 显示灯，
Pángbiān de shì qiǎzhǐ wèizhi xiǎnshìdēng,

如果 // 这里出现 / 红色信号，
rúguǒ zhèli chūxiàn hóngsè xìnhào,

说明 // 出现了 / "卡纸"现象。
shuōmíng chūxiàn le "qiǎzhǐ" xiànxiàng.

옆에 있는 것은 종이걸림 위치 표시등인데 여기에 붉은 신호가 나타나면 '종이걸림' 현상이 나타났다는 뜻이지요.

3

我叫 / 张民珠，
Wǒ jiào Zhāng Mínzhū,

从今天开始 / 在这儿实习， // 实习期 / 为一年，
cóng jīntiān kāishǐ zài zhèr shíxí, shíxíqī wéi yì nián,

以后 // 还请您 / 多多指教。
yǐhòu hái qǐng nín duōduō zhǐjiào.

저는 장민주라고 합니다. 오늘부터 여기에서 인턴으로 근무하는데 인턴기간은 1년이에요. 앞으로 많이 지도해 주세요.

1 .... 🎧 01-03

우더화 看样子你是新来的吧？需不需要我帮忙？
Kàn yàngzi nǐ shì xīn lái de ba? Xū bu xūyào wǒ bāngmáng?

장민주 那太感谢了。我是新来的实习生，今天第一天上班，
Nà tài gǎnxiè le. Wǒ shì xīn lái de shíxíshēng, jīntiān dì yī tiān shàngbān,

不知道该怎么使用复印机。
bù zhīdao gāi zěnme shǐyòng fùyìnjī.

우더화 这很简单，我来教你。先开开电源，进行预热，
Zhè hěn jiǎndān, wǒ lái jiāo nǐ. Xiān kāikai diànyuán, jìnxíng yùrè,

预热以后，会出现可以复印信号。
yùrè yǐhòu, huì chūxiàn kěyǐ fùyìn xìnhào.

然后，就可以按照显示，进行复印了。
Ránhòu, jiù kěyǐ ànzhào xiǎnshì, jìnxíng fùyìn le.

장민주 噢，是这样。可是复印机为什么出现了红色信号？
Ō, shì zhèyàng. Kěshì fùyìnjī wèishénme chūxiàn le hóngsè xìnhào?

우더화 这是纸盒显示，出现红色信号，恐怕是因为纸不够了。
Zhè shì zhǐhé xiǎnshì, chūxiàn hóngsè xìnhào, kǒngpà shì yīnwèi zhǐ búgòu le.

旁边的是卡纸位置显示灯，如果这里出现红色信号，
Pángbiān de shì qiǎzhǐ wèizhi xiǎnshìdēng, rúguǒ zhèli chūxiàn hóngsè xìnhào,

说明出现了"卡纸"现象，这时不要随便打开机器，
shuōmíng chūxiàn le "qiǎzhǐ" xiànxiàng, zhè shí bú yào suíbiàn dǎkāi jīqì,

应该按照挂在机器旁边的说明书，进行操作。
yīnggāi ànzhào guà zài jīqì pángbiān de shuōmíngshū, jìnxíng cāozuò.

장민주 托您的福❶，一上班就学到了这么多东西，真太谢谢
Tuō nín de fú, yí shàngbān jiù xué dào le zhème duō dōngxi, zhēn tài xièxie

您了。我叫张民珠，从今天开始在这儿实习，实习期
nín le. Wǒ jiào Zhāng Mínzhū, cóng jīntiān kāishǐ zài zhèr shíxí, shíxíqī

为一年，以后还请您多多指教。
wéi yì nián, yǐhòu hái qǐng nín duōduō zhǐjiào.

우더화 我是总务处的吴德华，欢迎你成为本公司的一员。
Wǒ shì zǒngwùchù de Wú Déhuá, huānyíng nǐ chéngwéi běn gōngsī de yīyuán.

장민주 哦？您在总务处工作？那您一定认识总务处的柳东春
Ó? Nín zài zǒngwùchù gōngzuò? Nà nín yídìng rènshi zǒngwùchù de Liǔ Dōngchūn

处长吧？我就是经柳处长的介绍，来公司实习的。
chùzhǎng ba? Wǒ jiù shì jīng Liǔ chùzhǎng de jièshào, lái gōngsī shíxí de.

우더화 啊，你就是柳处长谈起的那位实习生啊！听说你汉语、
À, nǐ jiù shì Liǔ chùzhǎng tán qǐ de nà wèi shíxíshēng a! Tīngshuō nǐ Hànyǔ、

日语、韩语说得都很好，而且性格活泼、开朗。
Rìyǔ、Hányǔ shuō de dōu hěn hǎo, érqiě xìnggé huópō、kāilǎng.

柳处长可没少在我们面前夸你。
Liǔ chùzhǎng kě méishǎo zài wǒmen miànqián kuā nǐ.

장민주 哪里，哪里。我是韩国人，韩语当然说得好；我的
Nǎli, nǎli. Wǒ shì Hánguórén, Hányǔ dāngrán shuō de hǎo; wǒ de

大学专业是汉语，所以汉语也不成问题；日语是我的
dàxué zhuānyè shì Hànyǔ, suǒyǐ Hànyǔ yě bù chéng wèntí ; Rìyǔ shì wǒ de

第二专业，所以日语说得也还算比较流利。
dì èr zhuānyè, suǒyǐ Rìyǔ shuō de yě hái suàn bǐjiào liúlì.

우더화 以后有什么需要帮忙的，尽管对我说，我一定会想办法
Yǐhòu yǒu shénme xūyào bāngmáng de, jǐnguǎn duì wǒ shuō, wǒ yídìng huì xiǎng bànfǎ

帮助你的。加油啊！
bāngzhù nǐ de. Jiāyóu a!

장민주 太谢谢您了，我会努力工作的。
Tài xièxie nín le, wǒ huì nǔlì gōngzuò de.

今天是上班的第一天，所以民珠既兴奋，又紧张。一大早❷
Jīntiān shì shàngbān de dì yī tiān, suǒyǐ Mínzhū jì xīngfèn, yòu jǐnzhāng. Yídàzǎo

她就来到了公共汽车站，坐上了开往公司的汽车。她一边欣赏
tā jiù lái dào le gōnggòng qìchē zhàn, zuò shàng le kāiwǎng gōngsī de qìchē. Tā yìbiān xīnshǎng

路边的风景，一边想应该怎样在新领导和新同事面前做
lùbiān de fēngjǐng, yìbiān xiǎng yīnggāi zěnyàng zài xīn lǐngdǎo hé xīn tóngshì miànqián zuò

自我介绍。到了办公室，科长把她一一介绍给了他们办公室
zìwǒ jièshào. Dào le bàngōngshì, kēzhǎng bǎ tā yī yī jièshào gěi le tāmen bàngōngshì

的所有成员，大家都很热情，也很友善。在融洽的气氛里，
de suǒyǒu chéngyuán, dàjiā dōu hěn rèqíng, yě hěn yǒushàn. Zài róngqià de qìfēn li,

民珠开始了充实而❸又具有挑战性的一天。民珠希望在公司
Mínzhū kāishǐ le chōngshí ér yòu jùyǒu tiǎozhànxìng de yì tiān. Mínzhū xīwàng zài gōngsī

工作的这一年时间，能成为她人生最幸福的一段时间。
gōngzuò de zhè yì nián shíjiān, néng chéngwéi tā rénshēng zuì xìngfú de yí duàn shíjiān.

2 의 내용을 바탕으로 대답해 봅시다.

1 为什么对民珠来说今天是特殊的一天？

2 办公室里的气氛怎么样？

 아하! 그렇구나!

❶ 托福: 동목이합사로서 '托'와 '福' 사이에 다른 성분이 들어갈 수 있다.

❷ 一大早: 뒤에 '就'와 호응하며, '아주 이른 아침에'라는 뜻이다.

❸ 而: 동사나 형용사를 연결하는 접속사로서 문어에 주로 쓰인다.

先……，然后……

사건의 시간적 선후 관계를 나타내는 표현으로서, 어떤 일이 일어나고 연이어 다른 일이 일어남을 나타낸다.

先开开电源，进行预热，…… 然后，就可以按照显示，进行复印了。
Xiān kāikai diànyuán, jìnxíng yùrè, …… ránhòu, jiù kěyǐ ànzhào xiǎnshì, jìnxíng fùyìn le.

你等着，我先看，然后再给你看。
Nǐ děng zhe, wǒ xiān kàn, ránhòu zài gěi nǐ kàn.

그림을 보고 '先……，然后……'를 활용하여 문장을 완성해 보세요.

① 我们 ＿＿＿＿＿＿＿＿＿。　② 我 ＿＿＿＿＿＿＿＿＿。　③ 我们 ＿＿＿＿＿＿＿＿＿。

经

'~을 거쳐서' '~에 의해서'라는 뜻으로 과정이나 수단을 나타낸다. 주로 어떠한 행동과 이를 통해 일어난 결과를 나타내는 문장에 쓰인다.

我就是经柳处长的介绍，来公司实习的。
Wǒ jiù shì jīng Liǔ chùzhǎng de jièshào, lái gōngsī shíxí de.

他的小说是经我翻译出版的。
Tā de xiǎoshuō shì jīng wǒ fānyì chūbǎn de.

다음 문장의 밑줄 친 부분을 '经'을 활용하는 표현으로 바꾸어 보세요.

① 得到她父母的同意以后，我们终于结婚了。

→ ＿＿＿＿＿＿＿＿＿＿＿＿＿＿＿，我们终于结婚了。

② 她照顾孩子以后，孩子的病好了不少。

→ ＿＿＿＿＿＿＿＿＿＿＿＿＿＿＿，孩子的病好了不少。

③ 她把房间布置得很漂亮。
　　　　　　bùzhì 배치하다, 장식하다

→ ＿＿＿＿＿＿＿＿＿＿＿＿＿＿＿，房间变得很漂亮。

没少

'적잖이'라는 뜻으로, 과거에 이미 여러 차례 일어난 일이나 상황을 나타낼 때 쓰이며 뒤에 동사구가 온다.

柳处长可没少在我们面前夸你。
Liǔ chùzhǎng kě méishǎo zài wǒmen miànqián kuā nǐ.

北京市这些年可没少盖房。
Běijīng shì zhèxiē nián kě méishǎo gàifáng.

盖房 gàifáng 집을 짓다

다음을 '没少'를 포함한 문장으로 바꾸어 보세요.

① 以前我帮他办过很多事。→ _____

② 那天我喝了不少酒。→ _____

③ 这几年我工作做得不少，钱也赚得不少。→ _____

尽管

'얼마든지'라는 뜻으로, 조건이나 제약 없이 안심하고 하라는 것을 나타낸다.

以后有什么需要帮忙的，尽管对我说，我一定会想办法帮助你的。
Yǐhòu yǒu shénme xūyào bāngmáng de, jǐnguǎn duì wǒ shuō, wǒ yídìng huì xiǎng bànfǎ bāngzhù nǐ de.

如果你需要，尽管拿去用吧。
Rúguǒ nǐ xūyào, jǐnguǎn ná qù yòng ba.

'虽然'과 같은 뜻으로 양보를 나타내는 경우에도 쓰인다.

尽管我教了很多遍，可他还是记不住。
Jǐnguǎn wǒ jiāo le hěn duō biàn, kě tā háishi jì bu zhù.

尽管我早上吃得不多，可现在一点儿也不饿。
Jǐnguǎn wǒ zǎoshang chī de bù duō, kě xiànzài yìdiǎnr yě bú è.

다음을 '尽管'을 포함한 문장으로 바꾸어 보세요.

① 如果你有什么问题，就来问我吧。→ _____

② 你放心，我会好好儿照顾孩子的。→ _____

③ 如果你不信，那你就去试试。→ _____

🎧 01-05

1 介绍职业

A 他做什么工作?
Tā zuò shénme gōngzuò?

B 他是多乐贸易公司北京分公司的总经理。
Tā shì Duōlè màoyì gōngsī Běijīng fēngōngsī de zǒngjīnglǐ.

★ 바꿔 말하기

B 以前在建筑公司工作，现在已经退休了　　打算近期开一家商店
yǐqián zài jiànzhù gōngsī gōngzuò, xiànzài yǐjīng tuìxiū le　　dǎsuàn jìnqī kāi yì jiā shāngdiàn

2 选择职业

A 你最喜欢什么样的职业?
Nǐ zuì xǐhuan shénmeyàng de zhíyè?

B 薪水多的职业。
Xīnshuǐ duō de zhíyè.

★ 바꿔 말하기

B 比较稳定的　　压力较少的
Bǐjiào wěndìng de　　Yālì jiào shǎo de

3 跳槽

A 金部长还在你们办公室干吗?
Jīn bùzhǎng hái zài nǐmen bàngōngshì gàn ma?

B 他跳槽了。
Tā tiàocáo le.

★ 바꿔 말하기

B 晋升了，现在在另一个部门工作　　被炒鱿鱼了
jìnshēng le, xiànzài zài lìng yí ge bùmén gōngzuò　　bèi chǎo yóuyú le

---

단어 分公司 fēngōngsī 지점(支店), 지사(支社) | 近期 jìnqī 가까운 시기 | 薪水 xīnshuǐ 급여, 임금 | 跳槽 tiàocáo 직장을 바꾸다 |
晋升 jìnshēng 승진하다, 진급하다 | 炒鱿鱼 chǎo yóuyú 해고하다, 파면하다

실력이 늘다

听和说 🎧 01-06

1 请根据录音内容，回答下列问题。

① 我的专业是什么? _____

② 我在哪个部门工作? _____

③ 我为什么想辞职? _____
　　　　　cízhí 사직하다

④ 我想找什么样的工作? _____

2 请利用下列词语，简单地说明录音的内容。

> 专业　经济学　总务处

_____

_____

3 请和你的同桌谈一谈大学毕业后你的理想职业是什么。

写和说

1 请利用下列生词造句，并大声朗读。

① 看样子　→ _____

② 恐怕　→ _____

③ 托……的福　→ _____

读和说

1 请阅读下面的短文，并选择恰当的句子填空。

> 　　我就职于韩国京畿道杨平的一家名为"多乐贸易公司"的公司。我们公司的规模不大，是一家拥有＿＿①＿＿的中小企业。我们专门从事＿＿②＿＿。我们公司主要经营进口服装和进口家具。我＿＿③＿＿。在这里我能学到很多东西。我们部门虽小，但大家都非常亲密，好像一家人一样，在这样的公司工作，我感到十分幸福。
>
> 就职 jiùzhí 취임하다 ｜ 规模 guīmó 규모 ｜ 亲密 qīnmì 친밀하다

ⓐ 进口并向全国推销国外产品的工作

ⓑ 负责营销

ⓒ 一百名左右职员

2 请参考上面的短文，对以下公司进行简单的介绍。

公司名: 汉成电脑公司　　位置: 中国丹东市
主要业务: 生产笔记本电脑　　职工: 一千多名

_____

_____

想和说

1 请根据下面的漫画内容，与同桌进行对话。

_____

_____

중국인이 읽는 외래 상표

중국 사람들은 외국의 문화와 함께 들어오는 새로운 사물이나 개념을 나타내기 위해서 크게 두 가지 방식으로 외래어를 짓는다. 하나는 유사한 소리의 한자를 사용하는 음역(音译)이고, 다른 하나는 해당 의미를 나타내는 한자를 사용하는 의역(意译)이다. 순수하게 음역으로만 된 외래어는 '林肯(Línkěn/미국 '링컨' 대통령)', '波士顿(Bōshìdùn/미국 도시 '보스턴')' 등과 같이 주로 인명이나 지명에 많다. 그러나 한자는 뜻글자이기에 의미를 함께 나타내려는 유혹에서 벗어날 수 없다. 만일 음역과 의역을 모두 완벽하게 하여 듣기도 좋고 의미도 좋다면 정말 잘 지어진 외래어라고 할 수 있을 것이다. 그런 외래어로는 '可口可乐(Kěkǒukělè)'와 '百事可乐(Bǎishìkělè)'가 있다. 코카콜라를 마시면 '맛도 좋고 즐겁다'라는 뜻이며, 펩시콜라를 마시면 '백 가지 일이 즐겁다'라는 뜻이다.

중국으로 진출한 많은 외국 기업들도 중국어 상호명과 제품명을 잘 짓기 위해 노력한다. 이왕이면 중국인이 부르기에도 좋고 의미도 좋다면 잘 기억하고 그만큼 판매량도 늘어날 것이기 때문이다. 한국의 많은 기업명은 이미 한자를 사용하고 있으므로 중국에서도 원래 명칭을 그대로 사용하는 경우가 많은데, 예를 들면 '三星(삼성), 斗山(두산), 现代(현대), 起亚(기아), 农心(농심)' 등이 그러하다. 그렇지 않은 기업은 상호명이나 제품명을 중국어로 바꿀 필요가 있으며 이때 소리와 의미를 잘 조화시키는 것이 관건이다. 다음은 중국에 진출한 한국 기업의 상호명이나 제품명이다. 중국어로 발음해 보고 소리와 의미의 조화가 얼마나 잘 이루어져 있는지 보자.

이마트(유통)	易买得 Yìmǎidé
우리은행(금융)	友利银行 Yǒulì Yínháng
오리온(제과)	好丽友 Hǎolìyǒu
뚜레쥬르(제과)	多乐之日 Duōlèzhīrì
파리바게트(제과)	巴黎贝甜 Bālí Bèitián
롯데리아(식품)	乐天利 Lètiānlì
코리아나(화장품)	高丽安 Gāolì'ān
라네즈(화장품)	兰芝 Lánzhī
락앤락(생활용품)	乐扣乐扣 Lèkòulèkòu
이랜드(의류)	衣恋 Yīliàn

02

中国人为什么
这么喜欢喝茶?

중국인은 왜 이렇게 차 마시는 걸 좋아하나요?

1

중국의 차 문화와
관련된 표현

2

'跟……相比'
구문 표현

3

'还是'를 이용한
선호 표현

 시작이 반이다

- 好像 hǎoxiàng 〈부〉마치 ~인 것 같다
- 泡 pào 〈동〉물에 담가 두다
- 壶 hú 〈명〉주전자
- 闻 wén 〈동〉냄새를 맡다
- 茶香 cháxiāng 〈명〉차향
- 乌龙茶 wūlóngchá 〈명〉우롱차
- 自古以来 zìgǔ yǐlái 자고로
- 开门 kāimén 〈동〉문을 열다
- 柴 chái 〈명〉장작, 땔감
- 米 mǐ 〈명〉쌀
- 苗条 miáotiao 〈형〉날씬하다
- 有关 yǒuguān 〈동〉관계가 있다, 관련이 있다
- 医学 yīxué 〈명〉의학
- 分解 fēnjiě 〈동〉분해하다
- 体内 tǐnèi 〈명〉체내
- 脂肪 zhīfáng 〈명〉지방
- 作用 zuòyòng 〈명〉작용
- 急 jí 〈형〉급하다, 조급하다
- 品茶 pǐnchá 〈동〉(차를) 마시다, 음미하다
- 谈话 tánhuà 〈동〉이야기를 나누다
- 心情 xīnqíng 〈명〉심정, 감정, 마음
- 茶道 chádào 〈명〉다도
- 知识 zhīshi 〈명〉지식

- 种类 zhǒnglèi 〈명〉종류
- 五境之美 wǔ jìng zhī měi 오경의 미
  [오경은 '찻잎, 찻물, 불의 상태, 찻그릇, 환경'을 가리킴]
- 茶叶 cháyè 〈명〉찻잎
- 火候 huǒhou 〈명〉불의 상태
- 茶具 chájù 〈명〉다구
- 条件 tiáojiàn 〈명〉조건
- 要素 yàosù 〈명〉요소
- 配合 pèihé 〈동〉어울리다, 짝이 맞다
- 味 wèi 〈명〉맛
- 享受 xiǎngshòu 〈동〉누리다, 즐기다
- 部门 bùmén 〈명〉부문, 부서
- 聚餐 jùcān 〈동〉회식하다
- 无酒不成席 wú jiǔ bù chéng xí
  어떤 자리든 술이 빠질 수 없다
- 一再 yízài 〈부〉거듭, 반복해서
- 强调 qiángdiào 〈동〉강조하다
- 举办 jǔbàn 〈동〉개최하다, 거행하다
- 接风宴 jiēfēngyàn 〈명〉환영회
- 葡萄酒 pútáojiǔ 〈명〉포도주, 와인
- 勉强 miǎnqiǎng 〈동〉강요하다
- 感到 gǎndào 〈동〉느끼다, 여기다
- 尴尬 gāngà 〈형〉난처하다

제1강세, 제2강세, 띄어 읽기로 리듬을 느끼며 다음 문장을 익혀 보세요 🎧 02-02

1

中国菜 // 虽然 / 有些油腻，
Zhōngguó cài suīrán yǒuxiē yóunì,

但 // 中国人 // 却都很苗条，
dàn Zhōngguórén què dōu hěn miáotiao,

这 // 是不是 / 也跟喝茶 / 有关呢?
zhè shì bu shì yě gēn hē chá yǒuguān ne?

중국음식은 비록 좀 기름지지만, 중국인들이 모두 날씬한 것은 차를 마시는 것과 관련이 있지 않아요?

2

你先 / 别急， // 喝茶 // 又叫"品茶"，
Nǐ xiān bié jí, hē chá yòu jiào "pǐnchá",

一边 / 慢慢儿地喝， // 一边 / 谈话，
yìbiān mànmānr de hē, yìbiān tánhuà,

让 / 大家的心情 // 更加轻松、 / 愉快。
ràng dàjiā de xīnqíng gèngjiā qīngsōng、yúkuài.

너무 조급해하지 마세요. 차를 마시는 것은 '차를 음미한다'라고도 하지요. 천천히 마시면서 이야기도 나누면 사람들의 마음이 더 편해지고 즐거워지죠.

3

今天 // 我不仅 / 品到了好茶，
Jīntiān wǒ bùjǐn pǐn dào le hǎo chá,

还知道了 / 这么多 // 有关茶的知识，
hái zhīdao le zhème duō yǒuguān chá de zhīshi,

真是 / 一举两得啊!
zhēnshi yìjǔ liǎng dé a!

오늘 좋은 차도 맛보고 차와 관련된 지식도 이렇게 많이 알게 되었네요. 정말 일거양득이네요!

1 .... 🎧 02-03

장민주 茶好像已经泡好了，现在可以喝了吗？
Chá hǎoxiàng yǐjīng pào hǎo le, xiànzài kěyǐ hē le ma?

우더화 第一壶茶叫"洗茶"，是用来热杯的，不喝。
Dì yī hú chá jiào "xǐ chá", shì yònglái rè bēi de, bù hē.

但你可以闻一闻这两种茶的茶香有什么不同。
Dàn nǐ kěyǐ wén yi wén zhè liǎng zhǒng chá de cháxiāng yǒu shénme bùtóng.

장민주 这是乌龙茶吧？我以前喝过。欸？这是什么茶？
Zhè shì wūlóngchá ba? Wǒ yǐqián hē guo. Éi? Zhè shì shénme chá?

茶香跟乌龙茶差不多，可样子跟乌龙茶相比，
Cháxiāng gēn wūlóngchá chàbuduō, kě yàngzi gēn wūlóngchá xiāngbǐ,

尖尖的、怪怪的。
jiānjiān de、guàiguài de.

우더화 这是龙井茶。你想喝哪一杯？
Zhè shì lóngjǐngchá. Nǐ xiǎng hē nǎ yì bēi?

장민주 乌龙茶我以前喝过，所以今天我还是喝龙井茶吧。
Wūlóngchá wǒ yǐqián hē guo, suǒyǐ jīntiān wǒ háishi hē lóngjǐngchá ba.

对了，中国人为什么这么喜欢喝茶？
Duì le, Zhōngguórén wèishénme zhème xǐhuan hē chá?

우더화 这也许是一种习惯吧。中国自古以来有这样一句话，
Zhè yěxǔ shì yì zhǒng xíguàn ba. Zhōngguó zìgǔ yǐlái yǒu zhèyàng yí jù huà,

"开门七件事❶：柴、米、油、盐、酱、醋、茶"，
"kāimén qī jiàn shì: chái、mǐ、yóu、yán、jiàng、cù、chá",

这说明了"茶"在人们的生活中有多么重要。
zhè shuōmíng le "chá" zài rénmen de shēnghuó zhōng yǒu duōme zhòngyào.

장민주 中国菜虽然有些油腻，但中国人却都很苗条，
Zhōngguó cài suīrán yǒuxiē yóunì, dàn Zhōngguórén què dōu hěn miáotiao,

这是不是也跟喝茶有关呢？
zhè shì bu shì yě gēn hē chá yǒuguān ne?

우더화 是的，医学上说茶有分解体内脂肪的作用。
Shì de, yīxué shang shuō chá yǒu fēnjiě tǐnèi zhīfáng de zuòyòng.

장민주 噢，那我应该多喝一点儿。
Ō, nà wǒ yīnggāi duō hē yì diǎnr.

你这儿有没有大一点儿的杯子？
Nǐ zhèr yǒu méiyǒu dà yì diǎnr de bēizi?

우더화 哈，哈。你先别急，喝茶又叫"品茶"，一边慢慢儿地喝，
Hā, hā. Nǐ xiān bié jí, hē chá yòu jiào "pǐnchá", yìbiān mànmānr de hē,

一边谈话，让大家的心情更加轻松、愉快。
yìbiān tánhuà, ràng dàjiā de xīnqíng gèngjiā qīngsōng, yúkuài.

장민주 没想到你对"茶"很有研究，
Méi xiǎngdào nǐ duì "chá" hěn yǒu yánjiū,

能不能给我介绍有关茶道的知识？
néng bu néng gěi wǒ jièshào yǒuguān chádào de zhīshi?

우더화 好的，我先给你介绍一下中国茶的种类吧。中国茶一共
Hǎo de, wǒ xiān gěi nǐ jièshào yíxià Zhōngguó chá de zhǒnglèi ba. Zhōngguó chá yígòng

分六种：红茶、绿茶、黑茶、黄茶、青茶和白茶。中国
fēn liù zhǒng: hóngchá, lǜchá, hēichá, huángchá, qīngchá hé báichá. Zhōngguó

的茶道讲究"五境之美"，也就是茶叶、茶水、火候、
de chádào jiǎngjiu "wǔ jìng zhī měi", yě jiùshì cháyè, cháshuǐ, huǒhou,

茶具和环境，这里的环境是指心情等条件。通过这五种
chájù hé huánjìng, zhèli de huánjìng shì zhǐ xīnqíng děng tiáojiàn. Tōngguò zhè wǔ zhǒng

要素的配合，可以达到"味"和"心"的最高享受。
yàosù de pèihé, kěyǐ dádào "wèi" hé "xīn" de zuì gāo xiǎngshòu.

장민주 谢谢你！今天我不仅品到了好茶，
Xièxie nǐ! Jīntiān wǒ bùjǐn pǐn dào le hǎo chá,

还知道了这么多有关茶的知识，真是一举两得啊！
hái zhīdao le zhème duō yǒuguān chá de zhīshi, zhēnshi yìjǔ liǎng dé a!

虽然来中国还不到一个星期，但民珠已经适应了公司里的
Suīrán lái Zhōngguó hái bú dào yí ge xīngqī, dàn Mínzhū yǐjīng shìyìng le gōngsī li de

生活。今天他们部门的员工一起聚餐。俗话说"无酒不成席"，再
shēnghuó. Jīntiān tāmen bùmén de yuángōng yìqǐ jùcān. Súhuà shuō "wú jiǔ bù chéng xí", zài

加上他们科长特别喜欢喝酒，所以今天聚餐时，他们的科长
jiāshàng tāmen kēzhǎng tèbié xǐhuan hē jiǔ, suǒyǐ jīntiān jùcān shí, tāmen de kēzhǎng

一再强调大家不仅要"吃个饱"，还要"喝个够"。民珠虽然喜欢吃
yízài qiángdiào dàjiā bùjǐn yào "chī ge bǎo", hái yào "hē ge gòu". Mínzhū suīrán xǐhuan chī

中国菜，但不会喝酒。可是因为这是为她举办的"接风宴"，所以
Zhōngguó cài, dàn bú huì hē jiǔ. Kěshì yīnwèi zhè shì wèi tā jǔbàn de "jiēfēngyàn", suǒyǐ

不喝不喝也得喝一杯吧。还好❷，科长为她点了一瓶葡萄酒，
bù hē bù hē yě děi hē yì bēi ba. Hái hǎo, kēzhǎng wèi tā diǎn le yì píng pútáojiǔ,

而且中国人在喝酒的时候不会勉强别人，所以像她这样不会
érqiě Zhōngguórén zài hē jiǔ de shíhou bú huì miǎnqiáng biérén, suǒyǐ xiàng tā zhèyàng bú huì

喝酒的人不会感到太尴尬。
hē jiǔ de rén bú huì gǎndào tài gāngà.

2 의 내용을 바탕으로 대답해 봅시다.

1 "无酒不成席"是什么意思？

2 今天民珠为什么喝酒？

 아하! 그렇구나!

❶ 开门七件事: 살아가는 데 꼭 필요한 7가지를 가리키는 관용어다.

❷ 还好: 원래 '그런대로 괜찮다'라는 뜻이지만, 여기서는 '그래도 다행인 것은'이라는 뜻으로 쓰였다. 그래서 뒤에는 염려했던 것보다 나은 상황이 등장한다.

표현 날개를 달다

跟……相比

'~와 비교해 본다면'이라는 뜻으로, '比起来'라고 표현할 수도 있다. 뒤에는 비교의 결과를 나타내는 절이나 동사구, 형용사구가 온다.

样子跟乌龙茶相比，尖尖的、怪怪的。
Yàngzi gēn wūlóngchá xiāngbǐ, jiānjiān de、guàiguài de.

这本书跟其他三本比起来，内容难了一些。
Zhè běn shū gēn qítā sān běn bǐ qǐlai, nèiróng nán le yìxiē.

'跟……相比'를 활용하여 같은 뜻의 문장으로 바꾸어 보세요.

① 这支笔比那支笔贵不少。→ 这支笔跟＿＿＿＿＿＿＿＿，价钱＿＿＿＿＿＿＿＿＿。

② 我的个子比他高。→ 跟＿＿＿＿＿＿＿，我个子＿＿＿＿＿＿＿。

③ 上海的面积比北京大。→ 上海跟＿＿＿＿＿＿＿，面积＿＿＿＿＿＿。
miànjī 면적

还是

'(둘 이상의 선택 사항을 고려할 때) 그래도 그 중의 어느 하나가 낫다'라는 뜻을 나타낸다.

乌龙茶我以前喝过，所以今天我还是喝"龙井茶"吧。
Wūlóngchá wǒ yǐqián hē guo, suǒyǐ jīntiān wǒ háishi hē "lóngjǐngchá" ba.

今天有点儿热，我们还是喝冰咖啡吧。
Jīntiān yǒu diǎnr rè, wǒmen háishi hē bīng kāfēi ba.

冰咖啡 bīng kāfēi 아이스 커피

그림을 보고 대화를 완성해 보세요.

①

A 我们坐什么去?

B 还是＿＿＿＿＿＿＿。

②

A 打网球还是乒乓球?

B 还是＿＿＿＿＿＿＿。

③ 老张

A 问谁好呢?

B 还是＿＿＿＿＿＿＿。

동사 뒤에 '个'가 오고 그 뒤에 형용사, 동사 혹은 관용어구가 보어로 와서 결과를 나타내기도 하고 '不停''不住''没完' 등이 와서 동작의 지속을 나타내기도 한다. 구어에 많이 쓰이며 이미 발생한 사건이면 동사 바로 뒤에 '了'를 부가한다.

大家不仅要"吃个饱"，还要"喝个够"。
Dàjiā bùjǐn yào "chī ge bǎo", hái yào "hē ge gòu".

看电影、逛街、打电子游戏、唱卡拉OK，今天大家可真玩儿了个痛快。
Kàn diànyǐng、guàngjiē、dǎ diànzǐ yóuxì、chàng kǎlā OK, jīntiān dàjiā kě zhēn wánr le ge tòngkuài.

괄호 안의 표현을 올바르게 배열하여 문장을 완성해 보세요.

① 这个<u>游泳池</u>用的是<u>温泉水</u>, 咱们_____。(要 / 痛快 / 个 / 游 / 可)
    yóuyǒngchí 수영장 wēnquánshuǐ 온천수

② 妈妈见了我，_____。(不停 / 得 / 高兴 / 个 / 笑)。

③ 我做了很多菜，想_____。(让 / 个 / 你 / 吃 / 饱)。

'~을 안 한다고 해도 (조금은) ~해야지'라는 뜻으로, 여건 때문에 어쩔 수 없이 하게 됨을 나타낸다.

因为这是为她举办的"接风宴"，所以不喝不喝也得喝一杯吧。
Yīnwèi zhè shì wèi tā jǔbàn de "jiēfēngyàn", suǒyǐ bù hē bù hē yě děi hē yì bēi ba.

这盒巧克力是女朋友给我买的，不吃不吃也得尝一口吧。
Zhè hé qiǎokèlì shì nǚpéngyou gěi wǒ mǎi de, bù chī bù chī yě děi cháng yì kǒu ba.

巧克力 qiǎokèlì 초콜릿

'不……不……也得……吧'와 괄호 안의 표현으로 문장을 완성해 보세요.

① 这是妈妈亲手给我做的衣服，_____。(穿，试一下)

② 这瓶酒是朋友从中国为我买来的，_____。(喝，尝一口)

③ 这本小说是我朋友写的，_____。(看，翻一下)

회화 가지를 치다

1 选茶

A 我们应该怎样挑选茶叶?
　　Wǒmen yīnggāi zěnyàng tiāoxuǎn cháyè?

B 闻一闻香气。
　　Wén yi wén xiāngqì.

★ 바꿔 말하기

B 尝一尝茶的味道　　│　　看一看叶子的色泽
　　Cháng yi cháng chá de wèidào　│　Kàn yi kàn yèzi de sèzé

2 喝酒

A 听说你挺能喝?
　　Tīngshuō nǐ tǐng néng hē?

B 可我喝不了烈酒。
　　Kě wǒ hē bu liǎo lièjiǔ.

★ 바꿔 말하기

B 我有应酬的时候才喝　│　因为身体不太好，我戒酒了
　　Wǒ yǒu yìngchou de shíhou cái hē　│　Yīnwèi shēntǐ bú tài hǎo, wǒ jièjiǔ le

3 聚会

A 今晚的聚餐主要是为了什么?
　　Jīnwǎn de jùcān zhǔyào shì wèile shénme?

B 为了欢迎你。
　　Wèile huānyíng nǐ.

★ 바꿔 말하기

B 给金先生送行　│　招待客户
　　gěi Jīn xiānsheng sòngxíng　│　zhāodài kèhù

단어 挑选 tiāoxuǎn 고르다, 선택하다 | 香气 xiāngqì 향기 | 色泽 sèzé 색깔과 광택 | 烈酒 lièjiǔ 독한 술, 도수가 높은 술 | 应酬 yìngchou 접대하다 | 戒酒 jièjiǔ 술을 끊다, 금주하다 | 送行 sòngxíng 배웅하다 | 招待 zhāodài 접대하다 | 客户 kèhù 거래처, 바이어

听和说 🎧 02-06

1 请根据录音内容，回答下列问题。

① 相浩的职业是什么？ _____

② 相浩来中国多久了？ _____

③ 相浩觉得自己胖了很多的原因是什么？ _____

④ 相浩的中国朋友为什么送给他一盒茶？ _____

2 请利用下列词语，简单地说明录音的内容。

> 中国　胖　茶

_____

_____

3 请说一说还有哪些方法能帮助相浩减肥。

写和说

1 请利用下列生词造句，并大声朗读。

① 跟……相比　→ _____

② 还是……吧　→ _____

③ 不……不……也得……吧　→ _____

读和说

1 请阅读下面的短文，并选择恰当的句子填空。

> 中国素有"茶之乡"的美称。所以来中国以后，我除了学习汉语，　①　。
> 中国茶有千余种，根据制作方法　②　。我最喜欢喝绿茶，特别是龙井茶。
> 龙井茶产于杭州的西湖，　③　。
>
> 素有 sùyǒu 원래부터 있는 ㅣ 美称 měichēng 아름다운 이름

ⓐ 不仅茶香很好，而且味道清淡
　　　　　　　　　　　qīngdàn 담백하다

ⓑ 可分为绿茶、红茶和花茶

ⓒ 还想品尝众多的中国茶
　　　　pǐncháng 맛보다

2　请参考上面的短文，并利用下列生词，给大家简单介绍一下"中国酒"。

> 白酒　葡萄酒　啤酒

_____

_____

（想和说）

1　请根据下面的漫画内容，与同桌进行对话。

_____

_____

중국의 전통악기 얼후(二胡)

중국의 대표적인 악기는 관악기인 디즈(笛子, dízi), 현악기인 얼후(二胡, èrhú), 피파(琵琶, pīpā), 스주(丝竹, sīzhú), 정(箏, zhēng), 타악기인 구(鼓, gǔ) 등 그 종류가 다양하지만, 그중 가장 특이하고도 대표적인 악기로는 얼후를 들 수 있다.

얼후는 현이 두 줄로만 되어 있으면서도 다양한 연주법을 갖고 있고 음정은 최고 3~4옥타브까지 낼 수 있으니 실로 신기하다. 얼후의 몸체는 나무로 되어 있지만 현은 금속성분이다. 얼후는 친통(琴筒, qíntǒng), 친간(琴杆, qígān), 친조우(琴軸, qínzhòu), 친시엔(琴弦, qínxián), 궁즈(弓子, gōngzi) 등의 부분으로 구성되어 있다.

얼후는 당나라 때부터 사용되어 천 년이 넘는 역사를 갖고 있다. 당대 중국인은 북방 민족을 '후런(胡人, húrén)'이라 불렀다. 이에 서북방 민족으로부터 전해 온 현악기의 총칭으로 '후친(胡琴, húqín)'이란 명칭이 사용되기 시작하였다. 송원명청(宋元明清) 시기를 지나 오면서 민간 공연 예술의 발전과 함께 중요한 반주용 악기로 사용되었다. 몽고나 서역에서 전해 오던 마웨이후친(马尾胡琴, mǎwěihúqín)이 그전부터 전해 내려오던 지친(嵇琴, jīqín) 등과 융화되어 점차 새로운 현악기로 발선하였으며 그 명칭도 '얼후(二胡)'라고 개명하게 되었다.

얼후는 다양한 연주법으로 다양한 감정을 잘 나타낼 수 있는데, 특히 애절하거나 비통한 감정을 매우 잘 표현한다.

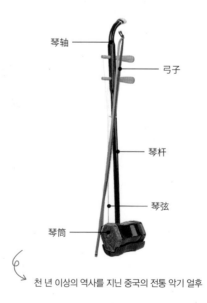

천 년 이상의 역사를 지닌 중국의 전통 악기 얼후

03

你能给我
介绍介绍中国人的
饮食礼仪吗?

중국인의 식사 예절에 대해
소개 좀 해 주실래요?

1 중국의 식사 예절과
관련된 표현

2 양사의 중첩 표현

3 '什么……不……的'
구문 표현

- 精致 jīngzhì 〔형〕정교하다, 세밀하다
- 可口 kěkǒu 〔형〕맛있다, 입에 맞다
- 做客 zuòkè 〔동〕손님이 되다, 방문하다
- 一般 yìbān 〔형〕보통이다, 일반적이다
- 圆形 yuánxíng 〔명〕원형
- 面对面 miànduìmiàn 〔동〕얼굴을 맞대다
- 亲切 qīnqiè 〔형〕친절하다
- 热闹 rènao 〔형〕떠들썩하다, 북적거리다
- 动 dòng 〔동〕움직이다
- 弄 nòng 〔동〕다루다
- 响声 xiǎngshēng 〔명〕소리
- 筷子 kuàizi 〔명〕젓가락
- 夹 jiā 〔동〕집다
- 发出 fāchū 〔동〕(소리 등을) 내다
- 声音 shēngyīn 〔명〕소리
- 端 duān 〔동〕받쳐들다, 들다
- 勺子 sháozi 〔명〕숟가락, 국자, 주걱
- 指指点点 zhǐzhidiǎndiǎn 〔동〕손가락질하다
- 翻动 fāndòng 〔동〕뒤집다
- 插 chā 〔동〕꽂다
- 祭祖 jìzǔ 〔동〕제사를 지내다
- 供桌 gòngzhuō 〔명〕제삿상
- 惯 guàn 〔동〕습관이 되다, 익숙해지다

- 香菜 xiāngcài 〔명〕향채, 고수풀
- 吐 tǔ 〔동〕내뱉다, 토하다
- 扔掉 rēngdiào 〔동〕버리다
- 主座 zhǔzuò 〔명〕상석
- 中央 zhōngyāng 〔명〕중앙
- 买单 mǎidān 〔동〕돈을 내다, 계산하다
- 主宾 zhǔbīn 〔명〕주빈
- 副 fù 〔형〕부, 제2의
- 分别 fēnbié 〔부〕각각, 따로따로
- 主人 zhǔrén 〔명〕주인
- 客人 kèrén 〔명〕손님
- 失礼 shīlǐ 〔동〕실례하다, 예의에 어긋나다
- 起身 qǐshēn 〔동〕일어나다
- 走动 zǒudòng 〔동〕움직이다
- 打招呼 dǎ zhāohu 〔동〕알리다, 인사하다
- 公筷 gōngkuài 〔명〕공용 젓가락
- 此外 cǐwài 〔접〕이외에
- 适时 shìshí 〔형〕시기가 적절하다

제1강세, 제2강세, 띄어 읽기로 리듬을 느끼며 다음 문장을 익혀 보세요.　🎧 03-02

1

在 ／ 中国人的家里，／／ 一般都使用 ／ 圆形饭桌，
Zài Zhōngguórén de jiā li, yìbān dōu shǐyòng yuánxíng fànzhuō,

这样 ／／ 可以坐 ／ 很多人，
zhèyàng kěyǐ zuò hěn duō rén,

而且 ／／ 大家 ／ 面对面吃饭，／／ 更亲切、／ 更热闹。
érqiě dàjiā miànduìmiàn chīfàn, gèng qīnqiè、gèng rènao.

중국인 집에서는 대개 원형 식탁을 사용해요. 많은 사람이 앉을 수 있는 데다가 모두 마주 앉아서 식사하면 더 친밀하고 더 떠들썩하기 때문이죠.

2

这 ／ 可跟韩国 ／ 完全不一样，
Zhè kě gēn Hánguó wánquán bù yíyàng,

在韩国 ／／ 不端起饭碗 ／ 吃饭，
zài Hánguó bù duān qǐ fànwǎn chīfàn,

而且 ／／ 吃米饭时 ／ 一般 ／ 不用筷子，／／ 用勺子。
érqiě chī mǐfàn shí yìbān bú yòng kuàizi, yòng sháozi.

이것은 한국하고는 아주 다르네요. 한국에서는 밥그릇을 들고 먹지 않고, 밥을 먹을 때 보통 젓가락을 쓰지 않고 숟가락을 사용해요.

3

很多韩国人 ／／ 都吃不惯 ／ 香菜，
Hěn duō Hánguórén dōu chī bu guàn xiāngcài,

如果 ／／ 你不小心 ／ 吃到香菜，／／ 不要 ／ 吐在桌子上，
rúguǒ nǐ bù xiǎoxīn chī dào xiāngcài, bú yào tǔ zài zhōuzi shàng,

应该 ／ 把它放到纸里 ／ 扔掉。
yīnggāi bǎ tā fàng dào zhǐ li rēngdiào.

많은 한국인들이 고수를 먹는 데 익숙하지 않아요. 만일 잘못해서 고수를 먹게 되면 식탁 위에 뱉지 말고 종이에 싸서 버려야 해요.

우더화
昨天我朋友过生日，在饭店请客，点了一桌子菜，
Zuótiān wǒ péngyou guò shēngrì, zài fàndiàn qǐngkè, diǎn le yì zhuōzi cài,

先凉菜，后热菜……少说也有二三十种，
xiān liángcài, hòu rècài……shǎoshuō yě yǒu èrsānshí zhǒng,

而且道道菜都精致、可口。
érqiě dào dào cài dōu jīngzhì、kěkǒu.

장민주
这个周末一个中国朋友请我到他家做客，
Zhè ge zhōumò yí ge Zhōngguó péngyou qǐng wǒ dào tā jiā zuòkè,

你能给我介绍介绍中国人的饮食礼仪吗？
nǐ néng gěi wǒ jièshào jièshào Zhōngguórén de yǐnshí lǐyí ma?

우더화
在中国人的家里，一般都使用圆形饭桌，这样可以
Zài Zhōngguórén de jiā li, yìbān dōu shǐyòng yuánxíng fànzhuō, zhèyàng kěyǐ

坐很多人，而且大家面对面吃饭，更亲切、更热闹。
zuò hěn duō rén, érqiě dàjiā miànduìmiàn chīfàn, gèng qīnqiè、gèng rènao.

每个座位前，一般都有一个盘子、一只碗、一双筷子和
Měi ge zuòwèi qián, yìbān dōu yǒu yí ge pánzi、yì zhī wǎn、yì shuāng kuàizi hé

一把勺子。坐好后不要动筷子，也不要弄出什么响声。
yì bǎ sháozi. Zuò hǎo hòu bú yào dòng kuàizi, yě bú yào nòng chū shénme xiǎngshēng.

장민주
等人都来了，大家坐好，
Děng rén dōu lái le, dàjiā zuò hǎo,

开始吃饭的时候又要注意些什么呢？
kāishǐ chīfàn de shíhou yòu yào zhùyì xiē shénme ne?

우더화
在中国，除了喝汤之外，都用筷子。
Zài Zhōngguó, chúle hē tāng zhīwài, dōu yòng kuàizi.

夹菜时每次不要过多，离自己远的菜就少吃一些。
Jiā cài shí měicì bú yào guòduō, lí zìjǐ yuǎn de cài jiù shǎo chī yìxiē.

吃饭时不要发出声音。吃饭时要端起饭碗，
Chīfàn shí bú yào fāchū shēngyīn. Chīfàn shí yào duān qǐ fànwǎn,

这表示喜欢吃那顿饭；如果吃饭时不端起饭碗，
zhè biǎoshì xǐhuan chī nà dùn fàn; rúguǒ chīfàn shí bù duān qǐ fànwǎn,

就表示对饭桌上的菜不满意。
jiù biǎoshì duì fànzhuō shàng de cài bù mǎnyì.

장민주
这可跟韩国完全不一样，在韩国不端起饭碗吃饭，
Zhè kě gēn Hánguó wánquán bù yíyàng, zài Hánguó bù duān qǐ fànwǎn chīfàn,

而且吃米饭时一般不用筷子，用勺子。
érqiě chī mǐfàn shí yìbān bú yòng kuàizi, yòng sháozi.

우더화
还有，吃饭时不要用筷子向人指指点点，
Háiyǒu, chīfàn shí bú yào yòng kuàizi xiàng rén zhǐzhidiǎndiǎn,

不要用筷子不停地翻动，不要把筷子插在米饭中。
bú yào yòng kuàizi bùtíng de fāndòng, bú yào bǎ kuàizi chā zài mǐfàn zhōng.

장민주
这一点，韩国也差不多。在韩国，
Zhè yì diǎn, Hánguó yě chàbuduō. Zài Hánguó,

只有祭祖的时候才会把勺子插在供桌上的米饭中。
zhǐyǒu jìzǔ de shíhou cái huì bǎ sháozi chā zài gòngzhuō shàng de mǐfàn zhōng.

우더화
很多韩国人都吃不惯香菜，如果你不小心吃到香菜，
Hěn duō Hánguórén dōu chī bu guàn xiāngcài, rúguǒ nǐ bù xiǎoxīn chī dào xiāngcài,

不要吐在桌子上，应该把它放到纸里扔掉。哎呀，
bú yào tǔ zài zhuōzi shàng, yīnggāi bǎ tā fàng dào zhǐ li rēngdiào. Āiyā,

说着说着都七点了，该吃饭了。走，今天我请客。
shuō zhe shuō zhe dōu qī diǎn le, gāi chīfàn le. Zǒu, jīntiān wǒ qǐngkè.

장민주
每次都是你掏钱❶，真不好意思。
Měicì dōu shì nǐ tāo qián, zhēn bùhǎoyìsi.

우더화
什么钱不钱的，别忘了我们可是好朋友啊！
Shénme qián bu qián de, bié wàng le wǒmen kě shì hǎo péngyou a!

在中国的饮食礼仪中，坐在哪里非常重要。主座是离门口
Zài zhōngguó de yǐnshí lǐyí zhōng, zuò zài nǎli fēicháng zhòngyào. Zhǔzuò shì lí ménkǒu

最远的正中央位置，坐主座的一定是买单的人。主宾和副
zuì yuǎn de zhèng zhōngyāng wèizhi, zuò zhǔzuò de yídìng shì mǎidān de rén. Zhǔbīn hé fù

主宾分别坐在主人的右边和左边。让客人和主人面对而坐，
zhǔbīn fēnbié zuò zài zhǔrén de yòubian hé zuǒbian. Ràng kèrén hé zhǔrén miànduì ér zuò,

或让客人坐在主座上都算失礼。客人坐好后不要动筷子，更
huò ràng kèrén zuò zài zhǔzuò shàng dōu suàn shīlǐ. Kèrén zuò hǎo hòu bú yào dòng kuàizi, gèng

不要发出什么响声，也不要起身走动。如果有什么事，要向
bú yào fāchū shénme xiǎngshēng, yě bú yào qǐshēn zǒudòng. Rúguǒ yǒu shénme shì, yào xiàng

主人打招呼。吃饭时，如果要给客人夹菜，最好用公筷。此外，
zhǔrén dǎ zhāohu. Chīfàn shí, rúguǒ yào gěi kèrén jiā cài, zuìhǎo yòng gōngkuài. Cǐwài,

还要适时地和左右的人聊聊天。离开时，客人必须向主人
hái yào shìshí de hé zuǒyòu de rén liáoliáotiān. Líkāi shí, kèrén bìxū xiàng zhǔrén

表示感谢。
biǎoshì gǎnxiè.

2 의 내용을 바탕으로 대답해 봅시다.

1 请客的人要坐在哪里？
2 请你谈一谈中国人的饮食礼仪。

 아하! 그렇구나!

❶ 掏钱: '掏'는 '꺼내다'라는 뜻이다. 그래서 '掏钱'은 '돈을 꺼내다'라는 뜻이 되지만, 관용적으로 '돈을 내다'라는 의미로 쓰인다.

少说也

'적어도' '최소한'이라는 뜻으로 실제보다 축소해서 말해도 그러함을 나타낸다.

他点了一桌子菜，先凉菜，后热菜……少说也有二三十种。
Tā diǎn le yì zhuōzi cài, xiān liángcài, hòu rècài……shǎoshuō yě yǒu èrsānshí zhǒng.

我戴眼镜，少说也有十年了。
Wǒ dài yǎnjìng, shǎoshuō yě yǒu shí nián le.

다음 문장을 '少说也'를 포함한 문장으로 바꾸어 보세요.

① 我忘在出租车上的手机有十几部。→ _____

② 我家附近的网吧大概有二三十家。→ _____

③ 他看起来很高，起码也有一米八。→ _____
　　　　　　　　　　　qǐmǎ 적어도

양사(量词)의 중첩

양사를 중첩하면 예외 없이 모두 그러함을 나타낸다. 명사를 세는 양사뿐만 아니라 동작의 횟수를 세는 양사도 중첩할 수 있다.

道道菜都精致、可口。
Dào dào cài dōu jīngzhì、kěkǒu.

他的学习成绩回回全校第一。
Tā de xuéxí chéngjì huí huí quánxiào dì yī.
　　　　　　　　　　　　　　全校 quánxiào 전교

그림을 보고 박스 안의 표현 중 알맞은 하나를 활용하여 문장을 완성해 보세요.

> 顿顿　条条　个个

①

他们的女儿_____

_____。

②

_____ 通罗马。
　　　　　　　　　　Luómǎ 로마

③

他_____，

一顿最少喝一斤酒。

······惯

동사의 뒤에 쓰여 동작을 통해서 익숙해졌음을 나타낸다. 동사와 '惯' 사이에 '得'나 '不'를 넣어서 가능보어로 사용할 수 있다.

很多韩国人都吃不惯香菜。
Hěn duō Hánguórén dōu chī bu guàn xiāngcài.

我熬夜熬惯了，想早睡也睡不着。
Wǒ áoyè áo guàn le, xiǎng zǎo shuì yě shuì bu zháo.

熬夜 áoyè 밤을 새다 | 睡不着 shuì bu zháo 잠들지 못하다

'惯'을 포함한 표현으로 문장을 완성해 보세요.

① 平时吃饭_____筷子，可这次出差到印度，要用手吃饭，还真不习惯。
　　　　　　　　　　　　　　　　　Yìndù 인도

② 我_____这地方，不想搬走。
　　　　　　　bānzǒu 이사 가다

③ 在中国，年轻男女常常在大街上拥抱，这些我已经_____，不觉得奇怪。
　　　　　　　　　　　　　　yōngbào 포옹하다　　　　　　　　　　　　qíguài 이상하다

什么······不······的

동일한 단어를 '不'의 앞뒤에 넣어서 상대방 의견에 대하여 반대하거나 무시하는 태도를 나타낸다.

什么钱不钱的，别忘了我们可是好朋友啊！
Shénme qián bu qián de, bié wàng le wǒmen kě shì hǎo péngyou a!

什么时髦不时髦的，衣服能穿就行了。
Shénme shímáo bu shímáo de, yīfu néng chuān jiù xíng le.

时髦 shímáo 유행이다

'什么······不······的'를 포함한 표현으로 문장을 완성해 보세요.

① A 你太辛苦了。

　 B _____，你是我的学哥，帮你是应该的嘛！

② A 你真漂亮。

　 B _____，像你这么有能力才是最重要的。

③ A 这个多少钱?

　 B _____，这是我送给你的。

회화 가지를 치다

1 饮食文化

A 中国人的饮食习惯和韩国人有什么不同?
Zhōngguórén de yǐnshí xíguàn hé Hánguórén yǒu shénme bùtóng?

B 只有喝汤的时候才用勺子。
Zhǐyǒu hē tāng de shíhou cái yòng sháozi.

★ 바꿔 말하기

B 最后喝汤   吃完饭以后喝茶
Zuìhòu hē tāng   Chī wán fàn yǐhòu hē chá

2 宴席文化

A 在中国，招待客人的时候应该注意些什么?
Zài zhōngguó, zhāodài kèrén de shíhou yīnggāi zhùyì xiē shénme?

B 菜肴要丰盛。
Càiyáo yào fēngshèng.

★ 바꿔 말하기

B 菜肴的数目应是双数   要给客人夹菜
Càiyáo de shùmù yīng shì shuāngshù   Yào gěi kèrén jiā cài

3 饮酒文化

A 韩国和中国的饮酒习俗有哪些不同?
Hánguó hé Zhōngguó de yǐnjiǔ xísú yǒu nǎxiē bùtóng?

B 中国人接酒的时候，把酒杯放在桌上。
Zhōngguórén jiē jiǔ de shíhou, bǎ jiǔbēi fàng zài zhuō shàng

★ 바꿔 말하기

B 喝酒一般不会换地方   在长辈面前喝酒时，不用侧身掩面
hē jiǔ yìbān bú huì huàn dìfang   zài zhǎngbèi miànqián hē jiǔ shí, bú yòng cèshēn yǎnmiàn

단어
宴席 yànxí 연회석 | 菜肴 càiyáo 요리, 음식, 반찬 | 丰盛 fēngshèng (음식 등이) 풍성하다, 융숭하다 | 数目 shùmù 수량, 개수 |
长辈 zhǎngbèi 연장자 | 侧身 cèshēn 몸을 옆으로 돌리다 | 掩面 yǎnmiàn 손으로 얼굴을 가리다

听和说 🎧 03-06

1 请根据录音内容，回答下列问题。

① 我小时候为什么被妈妈说了一大顿？ _____

② 中国朋友告诉我，如果在中国吃饭时不端起饭碗是怎样的表现？

_____

③ 中国朋友为什么说在韩国不会端着碗吃饭？ _____

2 请利用下列词语，简单地说明录音的内容。

懒惰　端不动
lǎnduò 게으르다

_____

_____

3 请你谈一谈因不了解他国吃饭的礼仪而引起的误会。
wùhuì 오해

写和说

1 请利用下列生词造句，并大声朗读。

① 面对面　→ _____

② 跟……不一样　→ _____

③ 只有……才……　→ _____

读和说

1 请阅读下面的短文，并选择恰当的句子填空。

　　韩国人在和长辈一起吃饭时，＿＿①＿＿；在长辈面前喝酒时，＿＿②＿＿。韩国人吃饭时，不端起饭碗或汤碗用餐；吃饭、喝汤要用勺子，吃菜要用筷子；口中有食物的时候，不开口说话；咀嚼食物或喝汤的时候，不能出声；饭后，筷子和勺子不能摆在碗或盘子的上面，＿＿③＿＿。
咀嚼 jǔjué (음식물을) 씹다 I 摆 bǎi 놓다, 벌여 놓다

ⓐ 应和饭前一样整齐地放在碗的右边
　　　　　　整齐 zhěngqí 단정하다

ⓑ 必须等长辈动筷后才能动筷

ⓒ 必须侧头
　　　　侧头 cètóu 고개를 돌리다

2　请参考上面的短文，比较一下中国人的吃饭礼仪和韩国人的吃饭礼仪有哪些不同。

_____

_____

(想和说)

1　请根据下面的漫画内容，与同桌进行对话。

_____

_____

중국 음식에 담긴 이야기

중국 음식은 그 명칭과 관련하여 재미있는 유래를 가진 것이 많다. 그중 대표적인 두 가지 요리를 소개한다.

마포또우푸(麻婆豆腐, mápódòufu)는 맵기로 유명한 쓰촨성(四川省, Sìchuānshěng)의 대표적인 요리로서 '마파두부'라는 명칭으로 한국에 많이 알려졌다. 이 음식에 관한 유래 중에서 가장 대표적인 것은 청대(淸代)에 쓰촨성에 살던 한 여인과 관련한 이야기다. 곰보 얼굴을 가진 한 여인이 시집간 후 남편을 일찍이 여의게 되어 생계 유지를 위해서 식당을 열게 되었다. 만든 음식은 두부와 양고기를 잘게 갈아서 당면과 함께 버무린 요리로서 매우면서 맛도 좋고 값도 싸게 받았다. 그 후 사람들은 '곰보 할머니의 두부'라고 해서 '麻婆豆腐'라고 불렀는데, 이 때 '麻'는 '麻辣(málà)'라고 말할 때처럼 아주 매운 맛을 의미하기도 한다.

포탸오챵(佛跳墻, fótiàoqiáng)은 청대 푸조우(福州, Fúzhōu)의 한 관원이 닭, 오리, 양고기, 돼지내장, 해산물 등의 재료를 갖고 음식을 만들어서 이름을 '푸소우취엔(福壽全, fúshòuquán)'이라고 지었는데 그 맛이 출중해서 명성이 자자했다고 한다. 어느 한 뛰어난 문인이 그 맛에 도취되어 "佛聞棄禪跳墻來(Fó wén qì chán tiào qiáng lái 스님이 냄새를 맡으면 참선을 그만두고 담을 넘어 오겠네)"라고 읊조렸는데 그 후 '(맛있는 음식 냄새 때문에) 스님이 담을 넘다'라는 뜻으로 포탸오챵이라고 부르게 되었다고 한다. 또한 포탸오챵이라 부른 것은 그 지역 방언으로는 원래의 음식명인 푸소우취엔(福壽全)과 발음이 비슷한 것도 중요한 원인이었을 것이다. 우리나라에서는 '불도장'이라는 명칭으로 많이 알려졌다.

한국인의 입맛에도 잘 맞는 중국 쓰촨성의 대표 요리 마파두부

04

你猜猜我的血型是什么?

내 혈액형이 뭔지 알아맞혀 볼래요?

1
성격 및 운세와
관련된 표현

2
'从……来看'
구문 표현

3
'不见得'를 이용한
부정적 추측 표현

- 猜 cāi 통 알아맞히다, 추측하다
- 血型 xuèxíng 명 혈액형
- 温顺 wēnshùn 형 온순하다
- 体贴 tǐtiē 통 자상하게 대하다
- 果断 guǒduàn 형 과감하다, 결단력이 있다
- 刚毅 gāngyì 형 (성격이나 의지가) 굳다, 단단하다
- 要强 yàoqiáng 형 승부욕이 강하다
- 不见得 bújiàndé 부 반드시 ~한 것은 아니다
- 断定 duàndìng 통 단정하다, 결론을 내리다
- 星座 xīngzuò 명 별자리
- 准确 zhǔnquè 형 정확하다, 확실하다
- 双鱼座 shuāngyúzuò 명 물고기자리
- 同情心 tóngqíngxīn 명 동정심
- 现实 xiànshí 형 현실적이다
- 算命先生 suànmìng xiānsheng 명 점쟁이
- 说不定 shuōbudìng 부 ~일지도 모른다, 단언하기가 어렵다
- 一举成名 yìjǔ chéngmíng 성 단번에 명성을 날리다
- 勇敢 yǒnggǎn 형 용감하다
- 飞虫 fēichóng 명 날벌레
- 要命 yàomìng 통 어떤 정도가 극에 달함을 나타냄
- 预测 yùcè 통 예측하다
- 命运 mìngyùn 명 운명

- 自然 zìrán 명 자연
- 推测 tuīcè 통 예측하다, 추측하다
- 风水 fēngshuǐ 명 풍수
- 禁止 jìnzhǐ 통 금지하다
- 迷信 míxìn 명 미신
- 生辰八字 shēngchénbāzì 명 사주팔자, 운명
- 网站 wǎngzhàn 명 웹사이트
- 状况 zhuàngkuàng 명 상황, 형편
- 吻合 wěnhé 통 들어맞다, 일치하다
- 相符 xiāngfú 통 부합하다, 서로 일치하다
- 取得 qǔdé 통 취득하다, 얻다
- 长寿 chángshòu 형 장수하다, 오래 살다
- 白头偕老 báitóu xiélǎo 성 백년해로(하다)
- 倔强 juéjiàng 형 강하고 고집이 세다
- 脾气 píqi 명 성격, 기질
- 谦让 qiānràng 통 양보하다, 겸손하게 사양하다

제1강세, 제2강세, 띄어 읽기로 리듬을 느끼며 다음 문장을 익혀 보세요.　🎧04-02

1

就拿我来说吧， // 我是 / A型的，
Jiù ná wǒ lái shuō ba, wǒ shì A xíng de,

人们都说， // A型的人 // 性格 / 果断、 / 刚毅， // 也很要强，
rénmen dōu shuō, A xíng de rén xìnggé guǒduàn、gāngyì, yě hěn yàoqiáng,

可我 / 并不是这样， // 反而 / 更像B型的。
kě wǒ bìng bú shì zhèyàng, fǎn'ér gèng xiàng B xíng de.

저를 보더라도 저는 A형인데 사람들은 모두 A형인 사람은 성격이 과감하고 강직하며 승부욕이 강하다고 하지만, 저는
전혀 그렇지 않고 오히려 B형 같아요.

2

我有 / 一个朋友，
Wǒ yǒu yí ge péngyou,

按照 / 星座上说的， // 本来 / 应该非常勇敢，
ànzhào xīngzuò shàng shuō de, běnlái yīnggāi fēicháng yǒnggǎn,

可他 // 反而 / 连一个小飞虫 // 都怕得要命。
kě tā fǎn'ér lián yí ge xiǎo fēichóng dōu pà de yàomìng.

내 친구가 하나 있는데, 별자리로 보면 아주 용감해야 하지만 오히려 조그만 날벌레도 무서워 어쩔 줄 몰라 합니다.

3

他们俩 // 虽然有时 / 会因为性格差异 // 发生一些冲突，
Tāmen liǎ suīrán yǒushí huì yīnwèi xìnggé chāyì fāshēng yìxiē chōngtū,

但 // 俩人 / 都会在 / 经济方面 // 取得很大的成功，
dàn liǎ rén dōu huì zài jīngjì fāngmiàn qǔdé hěn dà de chénggōng,

而且 // 健康长寿， / 白头偕老。
érqiě jiànkāng chángshòu, báitóu xiélǎo.

그들 두 사람이 때로는 성격 차이로 충돌이 있지만, 경제적인 측면에서 크게 성공을 거둘 것이며 건강하게 오래 살고 백
년해로 할 것이다.

1 ⌒ 04-03

우더화　你猜猜我的血型是什么？
Nǐ cāicai wǒ de xuèxíng shì shénme?

장민주　从性格来看你像是O型的，性格温顺、懂得体贴人。
Cóng xìnggé lái kàn nǐ xiàng shì O xíng de, xìnggé wēnshùn、dǒngde tǐtiē rén.

우더화　哈哈，其实我是B型的。B型的人比较浪漫，
Hāha, qíshí wǒ shì B xíng de. B xíng de rén bǐjiào làngmàn,

　　　　你不觉得我很浪漫吗？
nǐ bù juéde wǒ hěn làngmàn ma?

장민주　其实我觉得，血型决定性格，那可不一定。
Qíshí wǒ juéde, xuèxíng juédìng xìnggé, nà kě bù yídìng.

　　　　就拿我来说吧，我是A型的，人们都说，
Jiù ná wǒ lái shuō ba, wǒ shì A xíng de, rénmen dōu shuō,

　　　　A型的人性格果断、刚毅，也很要强，
A xíng de rén xìnggé guǒduàn、gāngyì, yě hěn yàoqiáng,

　　　　可我并不是这样，反而更像B型的。
kě wǒ bìng bú shì zhèyàng, fǎn'ér gèng xiàng B xíng de.

우더화　虽然通过血型不见得就能断定一个人的性格，
Suīrán tōngguò xuèxíng bújiàndé jiù néng duàndìng yí ge rén de xìnggé,

　　　　但是看星座有时还是比较准确的。
dànshì kàn xīngzuò yǒushí háishi bǐjiào zhǔnquè de.

장민주　真的？那你给我看看吧。我的生日是3月10号。
Zhēnde? Nà nǐ gěi wǒ kànkan ba. Wǒ de shēngrì shì sān yuè shí hào.

우더화　3月10号应该是双鱼座。双鱼座的特点是浪漫，
Sān yuè shí hào yīnggāi shì shuāngyúzuò. Shuāngyúzuò de tèdiǎn shì làngmàn,

　　　　有同情心，但不太现实。
yǒu tóngqíngxīn, dàn bú tài xiànshí.

장민주　哇，说得真准。我看，你从明天开始当算命先生吧，
Wā, shuō de zhēn zhǔn. Wǒ kàn, nǐ cóng míngtiān kāishǐ dāng suànmìng xiānsheng ba,

　　　　说不定能一举成名呢！
shuōbudìng néng yìjǔ chéngmíng ne!

우더화 呵呵。其实星座也不是都那么准。我有一个朋友，
Hēhē. Qíshí xīngzuò yě bú shì dōu nàme zhǔn. Wǒ yǒu yí ge péngyou,

按照星座上说的，本来应该非常勇敢，
ànzhào xīngzuò shàng shuō de, běnlái yīnggāi fēicháng yǒnggǎn,

可他反而连一个小飞虫都怕得要命。
kě tā fǎn'ér lián yí ge xiǎo fēichóng dōu pà de yàomìng.

장민주 的确，如果只通过血型和星座就能预测一个人的命运
Díquè, rúguǒ zhǐ tōngguò xuèxíng hé xīngzuò jiù néng yùcè yí ge rén de mìngyùn

的话，那生活也就太没有意思了。
dehuà, nà shēnghuó yě jiù tài méiyǒu yìsi le.

우더화 话虽是这么说，可人们自古就喜欢通过自然推测自己
Huà suī shì zhème shuō, kě rénmen zìgǔ jiù xǐhuan tōngguò zìrán tuīcè zìjǐ

的命运，比如算命、看风水等等。虽然在中国这些是
de mìngyùn, bǐrú suànmìng, kàn fēngshuǐ děngděng. Suīrán zài Zhōngguó zhèxiē shì

被禁止的迷信活动，但还是受到很多人的欢迎。
bèi jìnzhǐ de míxìn huódòng, dàn háishi shòudào hěn duō rén de huānyíng.

장민주 没想到，这些活动在中国是被禁止的。在我们韩国，
Méi xiǎngdào, zhèxiē huódòng zài Zhōngguó shì bèi jìnzhǐ de. Zài wǒmen Hánguó,

年轻人结婚之前，看俩人的生辰八字仍是一种风俗。
niánqīngrén jiéhūn zhīqián, kàn liǎ rén de shēngchénbāzì réng shì yì zhǒng fēngsú.

우더화 我觉得生辰八字并不重要，最重要的是两个人
Wǒ juéde shēngchénbāzì bìng bú zhòngyào, zuì zhòngyào de shì liǎng ge rén

有没有爱情。
yǒu méiyǒu àiqíng.

今天张民珠在韩国的网站上帮中国朋友吴德华看了
Jīntiān Zhāng Mínzhū zài Hánguó de wǎngzhàn shàng bāng Zhōngguó péngyou Wú Déhuá kàn le

他的人生命运。德华说网上写的性格和健康状况真的和
tā de rénshēng mìngyùn. Déhuá shuō wǎngshàng xiě de xìnggé hé jiànkāng zhuàngkuàng zhēnde hé

自己比较吻合，他觉得很新奇，所以又让民珠帮忙看一看他
zìjǐ bǐjiào wěnhé, tā juéde hěn xīnqí, suǒyǐ yòu ràng Mínzhū bāngmáng kàn yi kàn tā

和他女朋友的生辰八字相不相符。网上说，他们俩虽然有时
hé tā nǚpéngyou de shēngchénbāzì xiāng bu xiāngfú. Wǎngshàng shuō, tāmen liǎ suīrán yǒushí

会因为性格差异发生一些冲突，但俩人都会在经济方面取得很
huì yīnwèi xìnggé chāyì fāshēng yìxiē chōngtū, dàn liǎ rén dōu huì zài jīngjì fāngmiàn qǔdé hěn

大的成功，而且健康长寿，白头偕老。听到这些话，德华高兴得
dà de chénggōng, érqiě jiànkāng chángshòu, báitóu xiélǎo. Tīng dào zhèxiē huà, Déhuá gāoxìng de

不得了，他说以后要尽量改掉❶自己倔强的坏脾气，对女朋友
bùdéliǎo. tā shuō yǐhòu yào jǐnliàng gǎidiào zìjǐ juéjiàng de huài píqi, duì nǚpéngyou

谦让一些。
qiānràng yìxiē.

2 의 내용을 바탕으로 대답해 봅시다.

1 吴德华让民珠帮他做什么？

2 吴德华和他女朋友的人生命运怎么样？

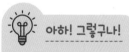 아하! 그렇구나!

❶ 改掉: 여기서 '掉'는 결과보어로 쓰여 '제거'의 의미를 나타낸다.

从……来看

'~(으)로 본다면'이라는 뜻으로 판단의 근거를 나타낼 때 쓰인다.

从性格来看你像是O型的。
Cóng xìnggé lái kàn nǐ xiàng shì O xíng de.

从这一点来看，他的看法有问题。
Cóng zhè yì diǎn lái kàn, tā de kànfǎ yǒu wèntí.

박스 안의 표현 중 알맞은 하나를 넣어 문장을 완성해 보세요.

> 款式　内容　学习态度

① 从＿＿＿＿＿＿来看，他最认真。

② 从＿＿＿＿＿＿来看，这件衣服很适合你。

③ 从＿＿＿＿＿＿来看，这本小说值得一看。

不见得

'~할 것 같지 않다'라는 뜻으로 주어나 술어의 앞에 쓰여 어떤 사실에 대한 부정적 추측을 나타낸다.

通过血型不见得就能断定一个人的性格。
Tōngguò xuèxíng bújiàndé jiù néng duàndìng yí ge rén de xìnggé.

虽然他比我学汉语学得早，可他的汉语水平不见得比我高。
Suīrán tā bǐ wǒ xué Hànyǔ xué de zǎo, kě tā de Hànyǔ shuǐpíng bújiàndé bǐ wǒ gāo.

괄호 안의 표현을 올바르게 배열하여 문장을 완성해 보세요.

① 就是经理去请他，＿＿＿＿＿＿＿＿＿＿＿＿。(也 / 会来 / 他 / 不见得)

② 我们都去求他，＿＿＿＿＿＿＿＿＿＿＿＿。(不见得 / 也 / 他 / 会答应)

③ 屋里虽然开着灯，＿＿＿＿＿＿＿＿＿＿＿＿。(有人 / 不见得 / 就 / 可)

'~일 수도 있다'라는 뜻으로 주어나 술어 앞에 쓰여 어떤 일이 발생할 가능성을 나타낸다.

你以后说不定能一举成名呢！
Nǐ yǐhòu shuōbudìng néng yìjǔ chéngmíng ne!

你以为他不对，但说不定他说得没错。
Nǐ yǐwéi tā bú duì, dàn shuōbudìng tā shuō de méi cuò.

그림을 보고 '说不定'을 활용하여 문장을 완성해 보세요.

①

你再不动身_____
dòngshēn 출발하다

_____。

②

你带伞了吧，下午_____

_____。

③

他没来上课，

_____。

反而……

'오히려~'라는 뜻으로 예측했던 상황이 예견한 것과 상반됨을 나타낸다.

他本来应该非常勇敢，可反而连一个小飞虫都怕得要命。
Tā běnlái yīnggāi fēicháng yǒnggǎn, kě fǎn'ér lián yí ge xiǎo fēichóng dōu pà de yàomìng.

他见到我，不但不高兴，反而向我发脾气。
Tā jiàn dào wǒ, búdàn bù gāoxìng, fǎn'ér xiàng wǒ fā píqi.

发脾气 fā píqi 화를 내다

그림을 보고 '反而'을 활용하여 문장을 완성해 보세요.

①

年纪大了，_____

_____。

②

天气不但没凉下来，_____

_____。

③

没想到假期_____

_____。

회화 가지를 치다

1 性格

A 他这个人性格怎么样?
Tā zhè ge rén xìnggé zěnmeyàng?

B 很谦虚，也很温柔。
Hěn qiānxū, yě hěn wēnróu.

★ 바꿔 말하기

B 很直率，做事果断　｜　很热情，也很刚毅
Hěn zhíshuài, zuò shì guǒduàn　｜　Hěn rèqíng, yě hěn gāngyì

2 迷信

A 你们俩算过命吗?
Nǐmen liǎ suàn guo mìng ma?

B 我们不相信迷信。
Wǒmen bù xiāngxìn míxìn.

★ 바꿔 말하기

B 看过星座　｜　去相过面
kàn guo xīngzuò　｜　qù xiàng guo miàn

3 宗教

A 你的宗教信仰是什么?
Nǐ de zōngjiào xìnyǎng shì shénme?

B 我信佛教。
Wǒ xìn Fójiào.

★ 바꿔 말하기

B 天主教　｜　基督教
Tiānzhǔjiào　｜　Jīdūjiào

단어 谦虚 qiānxū 겸손하다 ｜ 温柔 wēnróu 온화하다 ｜ 直率 zhíshuài 솔직하다, 시원시원하다 ｜ 相面 xiàngmiàn 관상을 보다 ｜ 宗教 zōngjiào 종교 ｜ 信仰 xìnyǎng 신앙 ｜ 佛教 Fójiào 불교 ｜ 天主教 Tiānzhǔjiào 천주교 ｜ 基督教 Jīdūjiào 기독교

听和说 🎧 04-06

1 请根据录音内容，回答下列问题。

① 民珠和相浩是什么关系？ _____

② 民珠今天为什么想去算命？ _____

③ 相浩是怎样看待算命的？ _____

④ 最后民珠和相浩决定怎么办？ _____

2 请利用下列词语，简单地说明录音的内容。

> 算命　生辰八字　星座

_____

_____

3 请你说一说"迷信"包括哪些内容。

写和说

1 请利用下列生词造句，并大声朗读。

① 从……来看　→ _____

② 不见得　→ _____

③ 反而　→ _____

读和说

1 请阅读下面的短文，并选择恰当的句子填空。

> 今天是期中考试的第一天。但是因为＿＿①＿＿，张民珠早上心情不太好。
> 金相浩问她＿＿②＿＿。民珠说梦里因为考题太难自己得了零分。相浩
> ＿＿③＿＿。果然，今天民珠考得特别好。这难道真的是因为民珠昨晚做的梦
> 吗？还是民珠努力学习的结果呢？
>
> 期中考试 qīzhōng kǎoshì 중간고사 | 考题 kǎotí 시험 문제 | 零分 língfēn 영점

ⓐ 晚上做了什么梦

ⓑ 昨晚做了一场恶梦
　　　　　　 èmèng 악몽

ⓒ 对她说这是反梦

2　请参考上面的短文，并利用下列生词，谈一谈你对"迷信"的看法。

> 算命　梦　星座　血型

_____

_____

想和说

1　请根据下面的漫画内容，与同桌进行对话。

_____

_____

가장 오래된 점괘의 기록, 갑골문

중국에서 역사 기록이 남아있는 가장 오래된 왕조는 상(商, Shāng, 은[殷, Yīn]이라고도 함)이다. 상은 농업 생산, 전쟁과 같은 국가의 중요한 일뿐만 아니라, 왕족의 질병이나 출산, 심지어 일기 예측에 이르기까지 다양한 일에 대하여 점을 쳐서 그 점괘에 따라 예측하고 결정했다. 이러한 점괘에 관한 기록이 바로 갑골문(甲骨文, jiǎgǔwén)이다. 주로 거북의 배껍데기나 소와 같은 짐승의 어깨뼈에 새겨 놓아서 갑골문이라고 하는데, 간혹 사슴의 뿔이나 사람의 머리뼈를 사용한 것도 보인다. 갑골문은 대략 3000여 년 전의 기록으로서 현재 남아있는 중국의 가장 오래된 기록이다.

점을 치기 위해서는 먼저 뼈의 모양을 깨끗하게 다듬은 후 안쪽에 뼈의 껍데기가 얇아지도록 둥글고 뾰족한 홈을 몇 개 파고 홈마다 가로로 얕은 절구 모양이 되도록 더 판다. 이렇게 해서 얇아진 부분을 불을 붙인 나뭇가지로 지지면 균열이 생기는데 이 균열의 모양을 보고 길흉을 판단한다. 이때 뼈에 생긴 금의 모양을 본뜬 한자가 '卜(bǔ, 점칠 복)'이다. 점을 친 후에는 그 내용을 옆에 기록한다.

이 갑골문이 세상에 알려지게 된 계기는 다음과 같다. 1899년에 왕의영(王懿榮)이라는 학자가 말라리아에 걸려 특효약이라고 알려진 용골(龙骨)을 오랫동안 달여 먹었는데 어느 날 베이징의 한약방에서 사온 용골에 글자가 새겨진 것을 발견하게 되었다. 그래서 당시 자기 집에 머무르고 있던 고대 문자에 정통한 유악(刘鹗)이라는 학자와 연구한 결과, 그것이 중국의 가장 오래된 고문자임을 알게 되었던 것이다.

갑골문은 중국 고문자 연구의 귀중한 자료다. 뿐만 아니라 우리는 이 갑골문을 통하여 상나라의 정치, 경제, 문화를 알 수 있게 되었다.

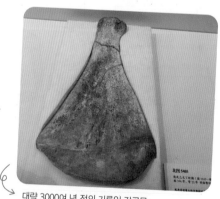

대략 3000여 년 전의 기록인 갑골문

05

没想到狗也
接受教育！

개도 교육을 받다니!

1 애완동물과
관련된 표현

2 '……不得了'를
이용한 정도 표현

3 '被……所……'를
이용한 피동 표현

- 宠物 chǒngwù 몡 애완동물
- 训练 xùnliàn 동 훈련시키다
- 折腾 zhēteng 동 괴롭히다
- 孤陋寡闻 gūlòu guǎwén 성 학문이 얕고 견문이 좁다
- 教练 jiàoliàn 몡 교관, 코치
- 不得了 bùdéliǎo 형 (정도가) 심하다
- 教育 jiàoyù 몡 교육
- 放心 fàngxīn 동 안심하다, 마음을 놓다
- 省得 shěngde 접 ~하지 않도록
- 流言蜚语 liúyán fēiyǔ 성 유언비어
- 迷惑 míhuò 동 미혹되다
- 亲眼 qīnyǎn 부 직접 제 눈으로
- 目睹 mùdǔ 동 직접 보다, 목도하다
- 过程 guòchéng 몡 과정
- 喽 lou 조 문장의 말미나 잠시 쉬는 곳에 쓰여 주의를 환기시키는 어기를 내포함
- 诱导 yòudǎo 동 이끌다, 지도하다
- 画圈 huàquān 동 동그라미 표시를 하다
- 翻身 fānshēn 동 몸을 굴리다, 이리저리 뒤집다
- 眼界 yǎnjiè 몡 시야
- 托儿所 tuō'érsuǒ 몡 탁아소
- 养 yǎng 동 키우다, 기르다

- 情感 qínggǎn 몡 감정, 느낌
- 动物 dòngwù 몡 동물
- 人性 rénxìng 몡 인성
- 不嫌家贫 bù xián jiā pín 집이 가난한 것을 싫어하지 않는다
- 忠心 zhōngxīn 몡 충성심
- 关键 guānjiàn 형 매우 중요한
- 舍身 shěshēn 동 자기를 희생하다, 목숨을 바치다
- 救 jiù 동 구하다, 구제하다
- 人命 rénmìng 몡 인명
- 保护 bǎohù 동 보호하다
- 协会 xiéhuì 몡 협회
- 兽医 shòuyī 몡 수의사
- 病人 bìngrén 몡 환자
- 关心 guānxīn 동 관심을 쏟다
- 严冬 yándōng 몡 엄동, 몹시 추운 겨울
- 酷暑 kùshǔ 몡 혹서, 몹시 더운 여름
- 提 tí 동 들다
- 医药箱 yīyàoxiāng 몡 약상자
- 出动 chūdòng 동 출동하다

제1강세, 제2강세, 띄어 읽기로 리듬을 느끼며 다음 문장을 익혀 보세요.　🎧 05-02

①

我给汉妮找的 // 可是最好的 / 宠物学校，
Wǒ gěi Hànnī zhǎo de kě shì zuìhǎo de chǒngwù xuéxiào,

一个月 // 就花了 / 八千多，
yí ge yuè jiù huā le bā qiān duō,

而且 // 这个学校里的教练 / 从不打宠物。
érqiě zhè ge xuéxiào li de jiàoliàn cóng bù dǎ chǒngwù.

하니에게 제일 좋은 동물학교를 찾아 준 거야. 한 달에 8000여 위안이 들어가. 게다가 이 학교의 교관은 동물을 때린 적이 없어.

②

为了 // 让宠物的主人 / 放心，
Wèile ràng chǒngwù de zhǔrén fàngxīn,

省得 // 被外面的 / 流言蜚语 / 所迷惑，
shěngde bèi wàimiàn de liúyán fēiyǔ suǒ míhuò,

宠物学校 // 让宠物的主人们 / 亲眼目睹 / 训练的过程。
chǒngwù xuéxiào ràng chǒngwù de zhǔrénmen qīnyǎn mùdǔ xùnliàn de guòchéng.

동물 주인이 안심하고 외부의 유언비어에 미혹되지 않도록 하기 위해서 동물학교는 동물 주인에게 직접 훈련 과정을 볼 수 있도록 해줘.

③

不论 // 刮风下雨 / 还是严冬酷暑，
Búlùn guāfēng xiàyǔ, háishi yándōng kùshǔ,

只要 // 谁家的宠物 / 生病了，
zhǐyào shéi jiā de chǒngwù shēngbìng le,

一个电话， // 她便会 / 马上提起 / 医药箱"出动"。
yí ge diànhuà, tā biàn huì mǎshàng tíqǐ yīyàoxiāng "chūdòng".

바람이 부나 비가 오나 엄동설한이나 혹서에나 어느 집 동물이 병이 났다 하면 그녀는 전화 한 통에 곧장 약상자를 들고 '출동'한다.

1 05-03

우더화
昨天给你打电话时，你说你正在医院。
Zuótiān gěi nǐ dǎ diànhuà shí, nǐ shuō nǐ zhèngzài yīyuàn.

怎么，你哪儿不舒服？现在好点儿了吗？
Zěnme, nǐ nǎr bù shūfu? Xiànzài hǎo diǎnr le ma?

마링
哈哈，我没病。昨天我是在宠物医院给汉妮看病。
Hāhā, wǒ méi bìng. Zuótiān wǒ shì zài chǒngwù yīyuàn gěi Hànnī kànbìng.

上个月我把汉妮送到了宠物学校接受训练，
Shàng ge yuè wǒ bǎ Hànnī sòng dào le chǒngwù xuéxiào jiēshòu xùnliàn,

可没想到一回到家就病了。
kě méi xiǎngdào yì huí dào jiā jiù bìng le.

우더화
宠物也要上学啊？汉妮的命可真够苦的，
Chǒngwù yě yào shàngxué a? Hànnī de mìng kě zhēn gòu kǔ de,

是不是被教练折腾病的？
shì bu shì bèi jiàoliàn zhēteng bìng de?

마링
你怎么这么孤陋寡闻。我给汉妮找的可是最好的宠物
Nǐ zěnme zhème gūlòu guǎwén. Wǒ gěi Hànnī zhǎo de kěshì zuìhǎo de chǒngwù

学校，一个月就花了八千多，而且这个学校里的教练
xuéxiào, yí ge yuè jiù huā le bā qiān duō, érqiě zhè ge xuéxiào li de jiàoliàn

从不打宠物。
cóng bù dǎ chǒngwù.

우더화
天哪！没想到，你对汉妮真的爱得不得了，
Tiān na! Méi xiǎngdào, nǐ duì Hànnī zhēn de ài de bùdéliǎo,

八千块几乎是我一个月的工资。
bā qiān kuài jīhū shì wǒ yí ge yuè de gōngzī.

那汉妮在那儿接受什么教育呢？
Nà Hànnī zài nàr jiēshòu shénme jiàoyù ne?

마링
主要是进行礼仪训练和反应能力等方面的训练。
Zhǔyào shì jìnxíng lǐyí xùnliàn hé fǎnyìng nénglì děng fāngmiàn de xùnliàn.

우더화
真有趣儿，没想到狗也接受教育！
Zhēn yǒuqùr, méi xiǎngdào gǒu yě jiēshòu jiàoyù!

可是，狗又不是人，不打怎么进行教育呢？
Kěshì, gǒu yòu bú shì rén, bù dǎ zěnme jìnxíng jiàoyù ne?

마링 为了让宠物的主人放心，省得被外面的流言蜚语所迷惑，
Wèile ràng chǒngwù de zhǔrén fàngxīn, shěngde bèi wàimiàn de liúyán fēiyǔ suǒ míhuò,

宠物学校让宠物的主人们亲眼目睹训练的过程。
chǒngwù xuéxiào ràng chǒngwù de zhǔrénmen qīnyǎn mùdǔ xùnliàn de guòchéng.

우더화 那你对宠物学校的训练过程十分了解喽？
Nà nǐ duì chǒngwù xuéxiào de xùnliàn guòchéng shífēn liǎojiě lou?

마링 那还用说！教练们都是通过诱导的方式对宠物们
Nà hái yòng shuō! Jiàoliànmen dōu shì tōngguò yòudǎo de fāngshì duì chǒngwùmen

进行训练的。比如教练们会用食物在小狗面前画圈，
jìnxíng xùnliàn de. Bǐrú jiàoliànmen huì yòng shíwù zài xiǎogǒu miànqián huàquān,

诱导小狗翻身。
yòudǎo xiǎogǒu fānshēn.

우더화 听你这么一说，真让我大开眼界。对了，你这是❶
Tīng nǐ zhème yì shuō, zhēn ràng wǒ dàkāi yǎnjiè. Duìle, nǐ zhè shì

去哪儿？怎么不见汉妮？
qù nǎr? Zěnme bú jiàn Hànnī?

마링 汉妮在宠物托儿所。
Hànnī zài chǒngwù tuō'érsuǒ.

我呢，去宠物商店给汉妮买点儿吃的和玩儿的。
Wǒ ne, qù chǒngwù shāngdiàn gěi Hànnī mǎi diǎnr chī de hé wánr de.

우더화 哎，真羡慕你家的汉妮！
Āi, zhēn xiànmù nǐ jiā de Hànnī!

马玲的姐姐从小就喜欢狗，也喜欢养狗。别人问她为什么
Mǎ Líng de jiějie cóngxiǎo jiù xǐhuan gǒu, yě xǐhuan yǎng gǒu. Biérén wèn tā wèishénme

这么喜欢狗，她说：“狗跟人一样是情感动物，通人性。俗话说，
zhème xǐhuan gǒu, tā shuō : "Gǒu gēn rén yíyàng shì qínggǎn dòngwù, tōng rénxìng. Súhuà shuō,

'狗不嫌家贫'，狗对主人非常忠心，而且关键的时候还会
'gǒu bù xián jiā pín', gǒu duì zhǔrén fēicháng zhōngxīn, érqiě guānjiàn de shíhou hái huì

舍身救人。”因为爱狗，所以她姐姐不仅参加了动物保护协会，
shěshēn jiù rén." Yīnwèi ài gǒu, suǒyǐ tā jiějie bùjǐn cānjiā le dòngwù bǎohù xiéhuì,

而且选择了“兽医”这一职业。她姐姐对自己的“病人”十分关心，
érqiě xuǎnzé le "shòuyī" zhè yì zhíyè. Tā jiějie duì zìjǐ de "bìngrén" shífēn guānxīn,

不论刮风下雨还是严冬酷暑，只要谁家的宠物生病了，一个电话，
búlùn guāfēng xiàyǔ háishi yándōng kùshǔ, zhǐyào shéi jiā de chǒngwù shēngbìng le, yí ge diànhuà,

她便❷会马上提起医药箱“出动”。这不，她又要去给她的
tā biàn huì mǎshàng tíqǐ yīyàoxiāng "chūdòng". Zhèbu, tā yòu yào qù gěi tā de

“病人”看病了。
"bìngrén" kànbìng le.

2 의 내용을 바탕으로 대답해 봅시다.

1 马玲的姐姐为什么这么喜欢狗？
2 马玲的姐姐做什么工作？

 아하! 그렇구나!

❶ 这是: '지금'이라는 뜻으로 쓰인 구어적 표현이다.
❷ 便: '就'와 용법이 같은 문어체 표현으로서 동작이나 사건이 단시간 내에 바로 발생함을 나타낸다.

표현 날개를 달다

······不得了

정도가 심함을 나타내며 대개 조사 '得' 뒤에서 상태보어로 쓰인다.

没想到，你对汉妮真的爱得不得了。
Méi xiǎngdào, nǐ duì Hànnī zhēn de ài de bùdéliǎo.

都十二点了，她还没回家，家人都担心得不得了。
Dōu shí'èr diǎn le, tā hái méi huíjiā, jiārén dōu dānxīn de bùdéliǎo.

그림을 보고 '不得了'를 활용하여 문장을 완성해 보세요.

① 她儿子考上大学，她___

_____。

② 我肚子_____

_____。

③ 今年夏天_____

_____。

被······所······

'~에 의하여 ~당했다'는 의미의 피동을 나타낸다. '所' 뒤의 동사는 기타 성분을 가질 수 없으며, 서면어에 주로 쓰인다.

为了让宠物的主人放心，省得被外面的流言蜚语所迷惑，宠物学校让宠物的主人们亲眼目睹训练的过程。
Wèile ràng chǒngwù de zhǔrén fàngxīn, shěngde bèi wàimiàn de liúyán fēiyǔ suǒ míhuò, chǒngwù xuéxiào ràng chǒngwù de zhǔrénmen qīnyǎn mùdǔ xùnliàn de guòchéng.

老师深深地被这些学生所感动。
Lǎoshī shēnshēn de bèi zhèxiē xuésheng suǒ gǎndòng.

'被······所······'를 활용하여 같은 뜻의 문장으로 바꾸어 보세요.

① 大家已经认识到了环境的重要性。→ _____

② 当时大家都很理解他的心情。→ _____

③ 这个电视节目很有意思，吸引了很多观众。
xīyǐn 매료시키다

→ 这个电视节目很有意思，_____

省得

'~하지 않도록'이라는 뜻으로 원하지 않는 일이 생기는 것을 피하려 함을 나타낸다.

为了让宠物的主人放心，省得被外面的流言蜚语所迷惑，宠物学校让宠物的主人们亲眼目睹训练的过程。
Wèile ràng chǒngwù de zhǔrén fàngxīn, shěngde bèi wàimiàn de liúyán fēiyǔ suǒ míhuò, chǒngwù xuéxiào ràng chǒngwù de zhǔrénmen qīnyǎn mùdǔ xùnliàn de guòchéng.

多穿点儿衣服，省得感冒。
Duō chuān diǎnr yīfu, shěngde gǎnmào.

'省得'를 활용하여 같은 뜻의 문장으로 바꾸어 보세요.

① 你住在这儿，就不用天天来回跑了。

→ 你住在这儿吧，_____。

② 你到了就马上打个电话，不然父母会很担心。

→ 你到了就马上打个电话，_____。

③ 如果我们不开车去，就会迟到，挨批评。
　　　　　　　　　　　　　　　　　　ái pīpíng 야단 맞다

→ 我们开车去吧，_____。

这不

어떤 사실을 말한 후 이와 관련된 증거나 상황을 제시하기 전에 쓰는 말로, 바로 뒤에 휴지가 온다.

只要谁家的宠物生病了，一个电话，她便会马上提起医药箱"出动"。这不，她又要去给她的"病人"看病了。
Zhǐyào shéi jiā de chǒngwù shēngbìng le, yí ge diànhuà, tā biàn huì mǎshàng tíqǐ yīyàoxiāng "chūdòng". Zhèbu, tā yòu yào qù gěi tā de "bìngrén" kànbìng le.

他们俩好像吵架了，这不，他们一前一后地走着，一句话也不说。
Tāmen liǎ hǎoxiàng chǎojià le, zhèbu, tāmen yì qián yí hòu de zǒu zhe, yí jù huà yě bù shuō.

박스 안의 표현 중 알맞은 하나를 넣어 문장을 완성해 보세요.

> 吃了以后睡了一会儿就好多了
> 才早上七点，他已经在办公室开始工作了
> 我妈这两天又要让我学日语

① 我妈从小就让我学这学那，七岁学英语，九岁学电脑，这不，_____。

② 我感冒了，雨林给了我一盒药，说这药很灵，这不，_____。
　　　　　　　　　　　　　　　　　　　　　　líng 신통하다

③ 他当了处长，比以前忙多了，每天早出晚归，这不，_____。

회화 가지를 치다

1 挑选宠物

A 你说，我养什么宠物好呢?
Nǐ shuō, wǒ yǎng shénme chǒngwù hǎo ne?

B 养狗吧，狗最忠实。
Yǎng gǒu ba, gǒu zuì zhōngshí.

★ 바꿔 말하기

B 猫 / 猫很干净 ｜ 兔子 / 兔子很可爱
māo / māo hěn gānjìng ｜ tùzi / tùzi hěn kě'ài

2 养狗

A 养狗最大的麻烦是什么?
Yǎng gǒu zuì dà de máfan shì shénme?

B 给它洗澡的时候最麻烦。
Gěi tā xǐzǎo de shíhou zuì máfan.

★ 바꿔 말하기

B 教它在指定的地点大小便，最麻烦 ｜ 换毛的时候，弄得一屋子毛，最麻烦
Jiāo tā zài zhǐdìng de dìdiǎn dàxiǎobiàn, zuì máfan ｜ Huànmáo de shíhou, nòng de yì wūzi máo, zuì máfan

3 宠物用品

A 明天是我女朋友小狗的生日，我送给小狗什么礼物好呢?
Míngtiān shì wǒ nǚpéngyou xiǎogǒu de shēngrì, wǒ sòng gěi xiǎogǒu shénme lǐwù hǎo ne?

B 送给它一袋狗粮吧。
Sòng gěi tā yí dài gǒuliáng ba.

★ 바꿔 말하기

B 一瓶浴液 ｜ 一个狗屋
yì píng yùyè ｜ yí ge gǒuwū

단어 忠实 zhōngshí 충실하다, 충직하고 성실하다 ｜ 换毛 huànmáo 털갈이를 하다 ｜ 浴液 yùyè 바디클렌저, 바디워시

听和说 🎧 05-06

1 请根据录音内容，回答下列问题。

① 我是怎么得到小狗的？ _____

② 我为什么给小狗起名叫"阿张"？ _____

③ "阿张"来的第一个晚上，我为什么一夜没睡？ _____

④ 明天我有什么打算？ _____

2 请利用下列词语，简单地说明录音的内容。

> 睡觉　公园

_____

_____

3 请和你的同桌谈一谈养宠物的经验。

写和说

1 请利用下列生词造句，并大声朗读。

① 比如　→ _____

② 从小就　→ _____

③ 不论……，还是……　→ _____

读和说

1 请阅读下面的短文，并选择恰当的句子填空。

> 　　前几天，我家的狗下了六只小狗。这些小狗眯着眼睛，挤在一起，张着小嘴找奶喝，_____①_____。自从有了这些小狗，我的生活发生了很大的变化。因为要照顾它们，所以最近我懒得看书，_____②_____。妈妈看到我这样，十分担心。而且我们也养不了这么多的小狗，所以妈妈决定一个月后把这些小狗全部送给别人。听到这话，_____③_____。
>
> 眯着眼睛 mī zhe yǎnjing 눈을 가늘게 뜨다 ㅣ 懒得 lǎnde ~하는 것이 귀찮다

ⓐ 也懒得去见朋友

ⓑ 那样子就别提多可爱了

ⓒ 我十分伤心
　　shāngxīn 상심하다

2　请参考上面的短文，和同桌分别扮演文中的"妈妈"和"我"，进行对话。
　　　　　　　　　bànyǎn ～의 역을 맡아 하다
_____

_____

（ 想和说 ）

1　请根据下面的漫画内容，与同桌进行对话。

_____

_____

중국을 대표하는 동물 판다, 곰인가 고양이인가?

판다는 중국어로 '슝마오(熊猫, xióngmāo)'라고 부른다. '슝(熊)'은 곰이라는 뜻이고 '마오(猫)'는 고양이라는 뜻이다. 이 동물을 어느 동물군에 귀속시킬지는 한 세기 동안 논쟁이 있었지만 DNA분석을 통해서 곰과에 근접하다는 의견이 주목을 받았다. 따라서 판다는 '고양이를 닮은 곰(像猫的熊)'이라고 보아야 할 것 같다.

대나무를 주식으로 삼으며 다른 곰과의 동물과는 달리 동면을 하지 않는다는 특징이 있다. 최근 한 연구에 의하면 수컷의 행동은 개와 비슷하다고 한다. 뒷다리의 한 쪽을 들어서 소변을 보며 소변을 멀리 보낼수록 판다 사회에서의 수컷의 지위가 높아진다고 하는데, 이것으로 보면 생김새뿐만 아니라 생활 습성도 정말 곰 같지 않은 곰임은 분명하다.

학자들은 판다의 조상이 300만 년 전에 처음 중국의 중부와 남부에 출현했고, 육식을 했었다고 고증한다. 그 후 진화 과정에서 육식과 채식을 겸하게 되었고 화북, 화동, 화남, 서북, 서남에서부터 베트남, 미얀마까지 활동 지역을 넓혔으며, 그 증거로 곳곳에 화석이 발견되었다. 지금은 서남부의 칭장(青藏, Qīngzàng)고원 동부의 온대 삼림지역에 서식하고 있다. 대나무를 주식으로 삼을 수 있는 지역의 한계, 낮은 번식률, 산림 개발과 환경 오염 등에 영향을 받아 개체수가 감소하고 있어 중국 정부는 중국을 대표하는 동물인 판다를 보호하기 위해서 심혈을 기울이고 있다.

주식인 대나무를 먹고 있는 중국의 대표 동물 판다

06

복습 I

🎧 06-01

① 직장생활

1 先开开电源，进行预热，预热以后，会出现可以复印信号。
Xiān kāikai diànyuán, jìnxíng yùrè, yùrè yǐhòu, huì chūxiàn kěyǐ fùyìn xìnhào.

2 然后，就可以按照显示，进行复印了。
Ránhòu, jiù kěyǐ ànzhào xiǎnshì, jìnxíng fùyìn le.

3 我就是经柳处长的介绍，来公司实习的。
Wǒ jiù shì jīng Liǔ chùzhǎng de jièshào, lái gōngsī shíxí de.

4 柳处长可没少在我们面前夸你。
Liǔ chùzhǎng kě méishǎo zài wǒmen miànqián kuā nǐ.

5 以后有什么需要帮忙的，尽管对我说，我一定会想办法帮助你的。
Yǐhòu yǒu shénme xūyào bāngmáng de, jǐnguǎn duì wǒ shuō, wǒ yídìng huì xiǎng bànfǎ bāngzhù nǐ de.

② 차 문화

1 你可以闻一闻这两种茶的茶香有什么不同。
Nǐ kěyǐ wén yi wén zhè liǎng zhǒng chá de cháxiāng yǒu shénme bùtóng.

2 样子跟乌龙茶相比，尖尖的、怪怪的。
Yàngzi gēn wūlóngchá xiāngbǐ, jiānjiān de, guàiguài de.

3 喝茶又叫"品茶"，一边慢慢儿地喝，一边谈话，让大家的心情更加轻松、愉快。
Hē chá yòu jiào "pǐnchá", yìbiān mànmānr de hē, yìbiān tánhuà, ràng dàjiā de xīnqíng gèngjiā qīngsōng, yúkuài.

4 大家不仅要"吃个饱"，还要"喝个够"。
Dàjiā bùjǐn yào "chī ge bǎo", hái yào "hē ge gòu".

5 因为这是为她举办的"接风宴"，所以不喝不喝也得喝一杯吧。
Yīnwèi zhè shì wèi tā jǔbàn de "jiēfēngyàn", suǒyǐ bù hē bù hē yě děi hē yì bēi ba.

③ 식사 예절

1 他点了一桌子菜，先凉菜，后热菜……少说也有二三十种。
Tā diǎn le yì zhuōzi cài, xiān liángcài, hòu rècài……shǎoshuō yě yǒu èrsānshí zhǒng.

2 坐好后不要动筷子，也不要弄出什么响声。
Zuò hǎo hòu bú yào dòng kuàizi, yě bú yào nòng chū shénme xiǎngshēng.

3 夹菜时每次不要过多，离自己远的菜就少吃一些。

Jiā cài shí měicì bú yào guòduō, lí zìjǐ yuǎn de cài jiù shǎo chī yìxiē.

4 如果你不小心吃到香菜，不要吐在桌子上，应该把它放到纸里扔掉。

Rúguǒ nǐ bù xiǎoxīn chī dào xiāngcài, bú yào tǔ zài zhuōzi shàng, yīnggāi bǎ tā fàng dào zhǐ li rēngdiào.

5 什么钱不钱的，别忘了我们可是好朋友啊！

Shénme qián bù qián de, bié wàng le wǒmen kě shì hǎo péngyou a!

④ 성격 및 운세

1 从性格来看你像是O型的，性格温顺、懂得体贴人。

Cóng xìnggé lái kàn nǐ xiàng shì O xíng de, xìnggé wēnshùn、dǒng de tǐtiē rén.

2 通过血型不见得就能断定一个人的性格。

Tōngguò xuèxíng bújiàndé jiù néng duàndìng yí ge rén de xìnggé.

3 我看，你从明天开始当算命先生吧，说不定能一举成名呢！

Wǒ kàn, nǐ cóng míngtiān kāishǐ dāng suànmìng xiānsheng ba, shuōbudìng néng yìjǔ chéngmíng ne!

4 他本来应该非常勇敢，可反而连一个小飞虫都怕得要命。

Tā běnlái yīnggāi fēicháng yǒnggǎn, kě fǎn'ér lián yí ge xiǎo fēichóng dōu pà de yàomìng.

5 话虽是这么说，可人们自古就喜欢通过自然推测自己的命运。

Huà suī shì zhème shuō, kě rénmen zìgǔ jiù xǐhuan tōngguò zìrán tuīcè zìjǐ de mìngyùn.

⑤ 애완동물

1 没想到，你对汉妮真的爱得不得了。

Méi xiǎngdào, nǐ duì Hànnī zhēn de ài de bùdéliǎo.

2 教练们都是通过诱导的方式对宠物们进行训练的。

Jiàoliànmen dōu shì tōngguò yòudǎo de fāngshì duì chǒngwùmen jìnxíng xùnliàn de.

3 听你这么一说，真让我大开眼界。

Tīng nǐ zhème yì shuō, zhēn ràng wǒ dàkāi yǎnjiè.

4 只要谁家的宠物生病了，一个电话，她便会马上提起医药箱"出动"。

Zhǐyào shéi jiā de chǒngwù shēngbìng le, yí ge diànhuà, tā biàn huì mǎshàng tíqǐ yīyàoxiāng "chūdòng".

5 这不，她又要去给她的"病人"看病了。

Zhèbù, tā yòu yào qù gěi tā de "bìngrén" kànbìng le.

회화 문제로 다지기

다음 장면을 중국어로 표현해 보세요.

1

참고단어 : 复印机

2

참고단어 : 端

3

참고단어 : 生辰八字

4

참고단어 : 训练

1 주어진 표현을 사용하여 대화를 완성해 보세요.

❶ A: 我可以用一下你的笔吗?

B: _____ (尽管)

❷ A: 今天他怎么没来上班?

B: _____ (说不定)

❸ A: 你帮了他这么多忙，他一定很感谢你吧?

B: _____ (反而)

❹ A: 乌龙茶你以前喝过，今天要不要喝点儿别的?

B: _____ (还是)

❺ A: 你猜猜我的血型是什么?

B: _____ (从……来看)

2 단문을 읽고 괄호 안의 단어가 들어갈 곳을 찾아 보세요.

❶ 网上说，他们俩虽然有时会因为性格差异发生___ⓐ___一些冲突，但两人都会在经济方面取得很大的成功，而且健康长寿，白头谐老。听___ⓑ___到这些话，德华高兴___ⓒ___不得了，他说以后要尽量改掉自己倔强的坏脾气，对女朋友谦让一些。(得)

❷ 马玲的姐姐从小就喜欢狗，也___ⓐ___喜欢养狗。___ⓑ___别人问她为什么这么喜欢狗，她说:"狗跟人一样是情感动物，通人性。俗话说'狗不嫌家贫'，狗对主人非常忠心，___ⓒ___关键的时候还会舍身救人。"(而且)

3 어순을 바르게 배열하여 문장을 완성해 보세요.

❶ 应该 / 进行操作 / 按照 / 说明书 / 挂在机器旁边的

_____

❷ 不要 / 在米饭中 / 吃饭时 / 插 / 把筷子

_____

❸ 血型 / 能断定 / 就 / 一个人的性格 / 通过 / 不见得

_____

❹ 都是 / 进行训练的 / 通过 / 对宠物们 / 诱导的方式 / 教练们

_____

❺ 虽然 / 但 / 还不到一个星期 / 来中国 / 已经适应了 / 民珠 / 这里的生活

_____

4 다음 각 글에는 틀린 곳이 세 군데씩 있습니다. 찾아서 바르게 고쳐 보세요.

❶ 今天是上班的第一天，所以民珠既兴奋，又紧张。一大早她就来了公共汽车站，坐上了开向公司的汽车。她一边欣赏路边的风景，一边想应该怎样在新领导和新同事面前做自我介绍。到了办公室，科长把她一一介绍了给他们办公室的所有成员，大家都很热情也很友善。

❷ 民珠虽然喜欢吃中国菜，也不会喝酒。可是因为这是对她举办的"接风宴"，所以不喝不喝也得喝一杯吧。还好，科长为她点了一瓶葡萄酒，而且中国人在喝酒的时候不会勉强别人，所以像她这样不会喝酒的人会感到太尴尬。

풍수, 인간과 자연의 조화

풍수(风水, fēngshuǐ)는 바람과 물을 아울러 이르는 말로, 고대 중국에서부터 내려오는 '땅의 좋고 나쁨과 인간의 화복이 절대적 관계를 갖는다는 학설'을 이르는 말이기도 하다.

전설에 의하면 구천현녀(九天玄女, jiǔtiānxuánnǚ)라는 여신이 풍수의 창시자라고 한다. 풍수의 핵심은 '기(气, qì)'다. 옛날 사람들은 기가 만물의 근원이라고 여겼다. 여기에서 말하는 기는 공기가 아니라, 말하거나 측량할 수 없고 단지 느낄 수만 있는 것으로서, 천지산천의 공간에서 흐르고 모이는 것이다. 이러한 기는 변화무궁하며 인간의 화복을 결정한다고 한다. '풍(风)'과 '수(水)'는 이러한 '기'를 중심으로 펼쳐진다. 즉, 기는 바람을 타고 흩어지고 물을 경계로 해서 멈춘다. 따라서 기는 풍수의 근원이다. 산세의 방향이나 건축의 배치를 바꿔서 좋은 기를 모이게 해서 사람이 살아가는 데 이로운 영향을 미치는 이상적인 환경을 만드는 것이 목적이다.

풍수사상의 핵심은 인간과 자연의 조화로운 삶이다. 인류가 오랜 기간 축적해 온 주거 경험의 산물이지만 인간의 길흉화복에 영향을 준다고 생각하면서 점차 미신화하였다. 그러나 풍수를 단순한 미신이 아니라 과학의 한 영역으로 보고 연구하는 경향도 있다. 이 풍수는 음양오행설을 바탕으로 하고 있으며, 전국시대(战国时代)부터 학문으로서의 체계가 비교적 갖추어지기 시작했다. 우리나라에는 삼국시대 이전에 전래된 것으로 본다. 일반적으로는 주로 묘지 풍수나 주택 풍수로 생각하기도 한다.

풍수의 창시자 구천현녀

07

你是怎么看待
"整容" 这个问题的?

당신은 '성형'이라는 이 문제를
어떻게 보나요?

이 과의 학습 목표

1
성형수술과
관련된 표현

2
'在……看来'를
이용한 판단 표현

3
'莫非'를 이용한
추측의 반문 표현

- 整容 zhěngróng 동 성형하다
- 明星 míngxīng 명 스타, 유명 연예인
- 追求 zhuīqiú 동 추구하다
- 外在 wàizài 형 외적인, 외형의
- 特地 tèdì 부 특별히, 일부러
- 看待 kàndài 동 대하다, 다루다
- 外貌 wàimào 명 외모, 용모
- 信心 xìnxīn 명 자신감, 확신
- 自信 zìxìn 명 자신감
- 美好 měihǎo 형 훌륭하다, 아름답다
- 理解 lǐjiě 동 알다, 이해하다
- 想法 xiǎngfǎ 명 생각, 의견
- 在于 zàiyú 동 ~에 있다
- 内心 nèixīn 명 마음, 마음속
- 美化 měihuà 동 아름답게 꾸미다
- 重视 zhòngshì 동 중시하다, 중요시하다
- 打扮 dǎban 동 치장하다, 화장하다, 꾸미다
- 注重 zhùzhòng 동 중시하다, 강조하다
- 修养 xiūyǎng 명 수양, 교양
- 脱胎换骨 tuōtāi huàn gǔ 성 환골탈태
- 适当 shìdàng 동 적절하다, 적합하다
- 恢复 huīfù 동 회복하다
- 娃娃 wáwa 명 인형

- 世界 shìjiè 명 세계
- 未来 wèilái 명 미래, 향후
- 照片 zhàopiàn 명 사진
- 莫非 mòfēi 부 설마 ~는 아니겠지? 혹시 ~가 아닐까?
- 打听 dǎtīng 동 알아보다, 물어보다
- 近视眼 jìnshìyǎn 명 근시
- 摘 zhāi 동 (쓰거나 걸려 있는 물건을) 벗다, 떼다
- 眼镜 yǎnjìng 명 안경
- 沉重感 chénzhònggǎn 명 무게감
- 陌生 mòshēng 형 낯설다
- 眨眼 zhǎyǎn 동 눈을 깜짝이다 (아주 짧은 시간을 비유함)
- 书生气 shūshēngqì 명 서생 티, 선비 기질
- 十足 shízú 형 충분하다, 충족하다
- 温文尔雅 wēnwén ěryǎ 성 태도가 온화하고 행동거지가 교양 있다
- 少女 shàonǚ 명 소녀, 미혼의 젊은 여자

제1강세, 제2강세, 띄어 읽기로 리듬을 느끼며 다음 문장을 익혀 보세요. 🎧 07-02

1

有些人 // 只重视外表，
Yǒuxiē rén zhǐ zhòngshì wàibiǎo,

每天 // 长打扮 / 短打扮的，
měitiān cháng dǎban duǎn dǎban de,

却 / 很少 // 注重 / 内心的修养。
què hěn shǎo zhùzhòng nèixīn de xiūyǎng.

어떤 사람들은 외모만 중시해서 늘 이리저리 치장하지만, 마음의 수양은 중시하지 않는다.

2

如果 // 做了 / 整容手术，
Rúguǒ zuò le zhěngróng shǒushù,

就很难 / 通过外貌 // 预测 / 那个人的性格 / 和未来了，
jiù hěn nán tōngguò wàimào yùcè nà ge rén de xìnggé hé wèilái le,

除非 // 把小时候的照片 / 拿来看。
chúfēi bǎ xiǎoshíhou de zhàopiàn nálái kàn.

만약 성형수술을 했다면 어릴 때 사진을 보지 않고서야 외모로 그 사람의 성격과 미래를 예측하기가 쉽지 않다.

3

马玲说 // 她的手术 / 做得很成功，
Mǎ Líng shuō tā de shǒushù zuò de hěn chénggōng,

近视眼手术 // 改变了 / 她的人生，
jìnshìyǎn shǒushù gǎibiàn le tā de rénshēng,

明年 // 她还打算 / 做整容手术。
míngnián tā hái dǎsuan zuò zhěngróng shǒushù.

마링이 말하기를 그녀의 수술은 성공적이었고 라식수술이 그녀의 인생을 바꾸었으므로 내년에는 성형수술도 받을 계획
이라고 했다.

1 ·· 🎧 07-03

추이시우란   听说很多韩国人都做过整容手术，是真的吗？
Tīngshuō hěn duō Hánguórén dōu zuò guo zhěngróng shǒushù, shì zhēn de ma?

장민주   明星们做整容手术的不少，但普通人做整容的不太多。
Míngxīngmen zuò zhěngróng shǒushù de bùshǎo, dàn pǔtōngrén zuò zhěngróng de bú tài duō.

不过，跟以前相比，普通人做整容手术的也多起来了。
Búguò, gēn yǐqián xiāngbǐ, pǔtōngrén zuò zhěngróng shǒushù de yě duō qǐlái le.

中国做整容的多不多？
Zhōngguó zuò zhěngróng de duō bu duō?

추이시우란   人们的生活越来越好，开始追求外在美的人也越来越
Rénmen de shēnghuó yuèláiyuè hǎo, kāishǐ zhuīqiú wàizàiměi de rén yě yuèláiyuè

多了，所以不少人开始做整容手术。
duō le, suǒyǐ bùshǎo rén kāishǐ zuò zhěngróng shǒushù.

听说，还有不少有钱人，特地到韩国去做整容呢。
Tīngshuō, hái yǒu bùshǎo yǒu qián rén, tèdì dào Hánguó qù zuò zhěngróng ne.

你是怎么看待"整容"这个问题的？
Nǐ shì zěnme kàndài "zhěngróng" zhè ge wèntí de?

장민주   在我看来，如果一个人对自己的外貌没有信心，但是
Zài wǒ kànlái, rúguǒ yí ge rén duì zìjǐ de wàimào méiyǒu xìnxīn, dànshì

通过整容手术能让自己变得有自信，让生活变得
tōngguò zhěngróng shǒushù néng ràng zìjǐ biàn de yǒu zìxìn, ràng shēnghuó biàn de

更加美好的话，做整容手术也是可以理解的。
gèngjiā měihǎo dehuà, zuò zhěngróng shǒushù yě shì kěyǐ lǐjiě de.

추이시우란   我的想法跟你不同，我觉得"美"并不在于一个人的外貌，
Wǒ de xiǎngfǎ gēn nǐ bùtóng, wǒ juéde "měi" bìng bú zàiyú yí ge rén de wàimào,

而在于一个人的内心。整容手术只能美化人的外表，
ér zàiyú yí ge rén de nèixīn. Zhěngróng shǒushù zhǐ néng měihuà rén de wàibiǎo,

不能美化人的内心。有些人只重视外表，
bù néng měihuà rén de nèixīn. Yǒuxiē rén zhǐ zhòngshì wàibiǎo,

每天长打扮短打扮的，却很少注重内心的修养。
měitiān cháng dǎban duǎn dǎban de, què hěn shǎo zhùzhòng nèixīn de xiūyǎng.

장민주 其实我也并不喜欢那种"脱胎换骨"式的整容,
Qíshí wǒ yě bìng bù xǐhuan nà zhǒng "tuōtāi huàn gǔ" shì de zhěngróng,

只是觉得可以通过适当的整容为自己恢复信心。
zhǐshì juéde kěyǐ tōngguò shìdàng de zhěngróng wèi zìjǐ huīfù xìnxīn.

如果每个人都是双眼皮, 大眼睛, 瓜子脸,
Rúguǒ měi ge rén dōu shì shuāngyǎnpí, dà yǎnjing, guāzǐ liǎn,

那我们的地球不就成了"娃娃大世界"了吗?
nà wǒmen de dìqiú bú jiù chéng le "wáwa dà shìjiè" le ma?

추이시우란 老人们常说, 从一个人的外貌能推测出一个人的性格、
Lǎorénmen cháng shuō, cóng yí ge rén de wàimào néng tuīcè chū yí ge rén de xìnggé、

预测出❶ 一个人的未来。 如果做了整容手术,
yùcè chū yí ge rén de wèilái. Rúguǒ zuò le zhěngróng shǒushù,

就很难通过外貌预测那个人的性格和未来了,
jiù hěn nán tōngguò wàimào yùcè nà ge rén de xìnggé hé wèilái le,

除非把小时候的照片拿来看。
chúfēi bǎ xiǎoshíhou de zhàopiàn nálái kàn.

对了, 你这么漂亮, 莫非也做整容了?
Duìle, nǐ zhème piàoliang, mòfēi yě zuò zhěngróng le?

장민주 哈哈, 你可真会说话。 我喜欢自然美,
Hāhā, nǐ kě zhēn huì shuōhuà. Wǒ xǐhuan zìránměi,

从来没想过要做整容手术。
cónglái méi xiǎng guo yào zuò zhěngróng shǒushù.

前两天张民珠听说马玲做了手术，吓了一大跳❷ 。后来一
Qián liǎngtiān Zhāng Mínzhū tīngshuō Mǎ Líng zuò le shǒushù, xià le yí dà tiào. Hòulái yì

打听才知道，原来做的是近视眼手术❸ 。通过手术，马玲终于
dǎtīng cái zhīdao, yuánlái zuò de shì jìnshìyǎn shǒushù. Tōngguò shǒushù, Mǎ Líng zhōngyú

摘下了她戴了十年的眼镜，眼镜给人带来的沉重感没有了，
zhāi xià le tā dài le shí nián de yǎnjìng, yǎnjìng gěi rén dàilái de chénzhònggǎn méiyǒu le,

可民珠却觉得马玲有些陌生，因为眨眼间马玲从一名书生气
kě Mínzhū què juéde Mǎ Líng yǒuxiē mòshēng, yīnwèi zhǎyǎn jiān Mǎ Líng cóng yì míng shūshēngqì

十足的学生变成了一位温文尔雅的少女。马玲说她的手术
shízú de xuésheng biànchéng le yí wèi wēnwén ěryǎ de shàonǚ. Mǎ Líng shuō tā de shǒushù

做得很成功，近视眼手术改变了她的人生，明年她还打算
zuò de hěn chénggōng, jìnshìyǎn shǒushù gǎibiàn le tā de rénshēng, míngnián tā hái dǎsuan

做整容手术。听到这话，马玲的男友对她说："我喜欢的是
zuò zhěngróng shǒushù. Tīng dào zhè huà, Mǎ Líng de nányǒu duì tā shuō : "Wǒ xǐhuan de shì

现在的你，我觉得现在的你最漂亮。"
xiànzài de nǐ, wǒ juéde xiànzài de nǐ zuì piàoliang."

2 의 내용을 바탕으로 대답해 봅시다.

1 马玲为什么住院了？

2 民珠见到马玲后，发现马玲有什么变化？

 아하! 그렇구나!

❶ 预测出……: 동사 뒤에 방향보어 '出'가 부가되어, '예측해 내다'라는 뜻을 나타낸다.

❷ 吓了一大跳: '吓了一跳'는 '깜짝 놀라다'라는 뜻이다. 여기서는 정도를 강조하기 위해 '大'를 부가했다.

❸ 近视眼手术: '라식수술'이라는 뜻이다.

표현 날개를 달다

在……看来

'~가 보기에'라는 뜻으로 판단의 주체를 나타낸다. 이 뒤에는 판단의 내용이 온다.

在我看来，做整容手术也是可以理解的。
Zài wǒ kànlái, zuò zhěngróng shǒushù yě shì kěyǐ lǐjiě de.

在他看来，这件事不应该这么办。
Zài tā kànlái, zhè jiàn shì bù yīnggāi zhème bàn.

'在……看来'를 활용하여 같은 뜻의 문장으로 바꾸어 보세요.

① 外国人认为汉语方言间有很大的差异。
　　fāngyán 방언, 사투리
→ _____

② 我认为午休时间是可有可无的。
　　wǔxiū 점심 후의 휴식
→ _____

③ 老百姓认为公务员应该为人民服务。
　　gōngwùyuán 공무원
→ _____

在于……

'在于'는 '~에 있다'라는 뜻으로 뒤에는 대상이나 사물의 본질 혹은 사건의 근거를 나타내는 말이 온다.

我觉得"美"并不在于一个人的外貌。
Wǒ juéde "měi" bìng bú zàiyú yí ge rén de wàimào.

关键在于做不做，不在于能不能。
Guānjiàn zàiyú zuò bu zuò, bú zàiyú néng bu néng.

关键 guānjiàn 관건

어순을 바르게 배열하여 문장을 완성해 보세요.

① 在于 / 目的 / 学习汉语的 / 促进 / 两国人民间的交流
　　　　　　　　　　　　cùjìn 촉진하다
→ _____

② 学好汉语 / 在于 / 你努不努力 / 能不能
→ _____

③ 在于 / 他人的意见 / 他失败的 / 不接受 / 原因
→ _____

'이리저리' '이것저것' 등의 뜻으로서 여러 가지 방식으로 동작을 시도함을 나타낸다. 서로 상반된 의미의 형용사가 한 조를 이루어 동사, 명사, 수량구 등을 수식하거나 목적어, 술어로 쓰인다.

有些人只重视外表，每天长打扮短打扮的，却很少注重内心的修养。
Yǒuxiē rén zhǐ zhòngshì wàibiǎo, měitiān cháng dǎban duǎn dǎban de, què hěn shǎo zhùzhòng nèixīn de xiūyǎng.

哥哥是村里唯一的一个大学生，每次放假回来，村里人都来问长问短。
Gēge shì cūn li wéiyī de yí ge dàxuéshēng, měicì fàngjià huílai, cūn li rén dōu lái wèn cháng wèn duǎn.

唯一 wéiyī 유일한

'长……短……'과 같은 형식을 사용하여 괄호 안의 표현으로 문장을 완성해 보세요.

① 爱美是女人的天性，虽然我已经年近五十了，可每当逛商店的时候，
　 我还是＿＿＿＿＿＿＿＿＿＿＿＿地买。(一件, 薄, 厚)

② 别看奶奶已经七十多了，每天早上仍是＿＿＿＿＿＿地照着镜子收拾。(打扮, 长, 短)
　　　　　　　　　　　　　　　　　　　　　　　shōushi 정돈하다

③ 女人们在一起总是＿＿＿＿＿＿＿＿＿＿＿地聊起来没完。(张家, 李家, 长, 短)

莫非

'설마 ~는 아니겠지'라는 뜻으로 쓰여 추측의 반문을 나타낸다. 뒤에 '不成'이 와서 호응하는 경우도 많다.

你这么漂亮，莫非也做整容了？
Nǐ zhème piàoliang, mòfēi yě zuò zhěngróng le?

莫非我听错了不成？
Mòfēi wǒ tīng cuò le bùchéng?

그림을 보고 '莫非'를 활용하여 문장을 완성해 보세요.

① 　② 　③

这几天我一直跟他联系
不上，＿＿＿＿＿＿？

他今天没来上课，＿＿＿
＿＿＿＿＿＿＿？

他怎么还不来，＿＿＿＿
＿＿＿＿＿＿？

🎧 07-05

1 内在美

A 你要给我介绍的那个人怎么样?
Nǐ yào gěi wǒ jièshào de nà ge rén zěnmeyàng?

B 他人很好，性格很开朗。
Tā rén hěn hǎo, xìnggé hěn kāilǎng.

★ 바꿔 말하기

B 说话很幽默 | 对别人很体贴
shuōhuà hěn yōumò | duì biérén hěn tǐtiē

2 不满情结

A 皮肤黑是我最大的不满。
Pífū hēi shì wǒ zuì dà de bùmǎn.

B 别瞎说，这才是你的魅力。
Bié xiāshuō, zhè cái shì nǐ de mèilì.

★ 바꿔 말하기

A 单眼皮 | 圆圆的脸
Dānyǎnpí | yuányuán de liǎn

3 魅力

A 他哪方面最有魅力?
Tā nǎ fāngmiàn zuì yǒu mèilì?

B 他心胸宽阔，善解人意。
Tā xīnxiōng kuānkuò, shànjiě rényì.

★ 바꿔 말하기

B 有自信心，积极向上 | 具有领袖气质
yǒu zìxìnxīn, jījí xiàngshàng | jùyǒu lǐngxiù qìzhì

단어

幽默 yōumò 유머러스하다 | 情结 qíngjié 감춰진 생각이나 감정 | 瞎说 xiāshuō 허튼소리를 하다 | 魅力 mèilì 매력 | 单眼皮 dānyǎnpí 외꺼풀 | 心胸 xīnxiōng 포부, 기개 | 宽阔 kuānkuò 넓다 | 善解 shànjiě 이해심 있는 | 人意 rényì 의지, 생각 | 向上 xiàngshàng 진보하다, 향상하다 | 领袖气质 lǐngxiù qìzhì 카리스마

听和说 🎧 07-06

1 请根据录音内容，回答下列问题。

① 民珠为什么差点儿没认出来秀兰？ _____

② 秀兰的秘诀是什么？ _____
　　　　　mìjué 비결

③ 秀兰认为对一个人来说，什么最重要？ _____

④ 民珠下星期有什么打算？ _____

2 请利用下列词语，简单地说明录音的内容。

> 运动　业余爱好　游泳　绘画

_____

_____

3 请说一说你本人平时做什么运动，有哪些爱好。

写和说

1 请利用下列生词造句，并大声朗读。

① 在……看来　→ _____

② 在于……　→ _____

③ 莫非　→ _____

读和说

1 请阅读下面的短文，并选择恰当的句子填空。

> 　　张民珠最近看不清黑板上的字，而且____①____。去眼科检查后，医生说她的视力下降得十分厉害，____②____。民珠胆子比较小，害怕手术后会有副作用，所以她决定配眼镜。她来到医院附近的一家眼镜店，____③____。
>
> 黑板 hēibǎn 칠판 ㅣ 眼科 yǎnkē 안과 ㅣ 副作用 fùzuòyòng 부작용

ⓐ 选了一副最近十分流行的漂亮镜框
　　　　　　　　　　　jìngkuàng 안경테
ⓑ 劝她要么配眼镜，要么做近视眼手术
ⓒ 看书看久了，眼睛十分疲劳
　　　　　　　píláo 피로해지다

2 请参考上面的短文，并利用下列生词，谈一谈你对"整容"的看法。

> 双眼皮　瓜子脸　减肥

_____

_____

想和说

1 请根据下面的漫画内容，与同桌进行对话。

_____

_____

중국의 대표 미인, 양귀비

중국의 대표적인 미인으로 가장 먼저 꼽는 인물은 바로 양귀비(杨贵妃, Yáng Guìfēi)다. 본명은 양옥환(杨玉环, Yáng Yùhuán)으로 당 현종(玄宗, Xuánzōng)의 비(妃)다. 그녀는 원래 현종의 며느리였다. 노래와 춤에 능하고 미모가 빼어나서 17세 때에 현종의 아들인 수왕(寿王, Shòu Wáng)의 비가 되었다. 그러나 그녀의 미모에 반한 현종은 그녀를 얻기 위해 우선 그녀가 도가에 입문하여 도사가 되게 하였다. 도가에 입문하면 그 이전에 있었던 속세의 일은 모두 지워지는 것으로 여겼기 때문이다. 현종은 도사의 가르침을 받는다는 명목으로 그녀를 위해 궁을 지어서 불러들인 후 밀회를 나누다가 마침내 귀비로 봉했다.

양귀비가 남방 지역의 특산물인 리치(荔枝, lìzhī)라는 과일을 좋아해서 리치를 신선한 상태로 빨리 공급하기 위하여 역참제도가 발달하게 되었다는 고사는 유명하다.

현종은 원래 정치를 잘해서 태평성대를 이루었으나 양귀비를 맞은 후에는 정치를 등한시하게 되었다고 한다. 또한 양귀비의 친척들이 득세하면서 국세가 기울고 급기야는 양귀비의 사촌 오빠인 양국충(杨国忠, Yáng Guózhōng)과의 반목으로 안녹산(安禄山, Ān Lùshān)이 난을 일으켰다. 현종이 양귀비를 데리고 피난을 가던 도중 호위하던 병사들이 소동을 일으켰다. 나라를 이 지경으로 만든 양귀비와 그의 사촌오빠 양국충을 처벌하라는 것이었다. 이에 결국 양귀비는 객시에서 38세의 나이에 죽음을 맞이했다. 그 후 현종은 왕위를 아들에게 물려주고 남은 인생을 양귀비를 그리워하다 죽었다고 한다.

양귀비는 풍만한 몸매에 희고 부드러운 피부를 가졌다고 한다. 사람의 마음을 미혹시키고 중독시키는 아편의 꽃에 양귀비라는 이름을 붙인 것으로 보아도 양귀비의 미모는 치명적이었던 것 같다.

화청지(华清池) 내에 있는 목욕하는 양귀비 상(像)

08

听说你正在准备结婚，够忙的吧?

결혼 준비를 하고 있다고 들었는데,
많이 바쁘죠?

이 과의 학습 목표

1 중국인의 결혼 준비
와 관련된 표현

2 '趁……' 구문 표현

3 '少不了'를 이용한
필수 사항 표현

- 结婚证 jiéhūnzhèng 명 결혼 증서
- 婚礼 hūnlǐ 명 결혼식
- 订 dìng 동 예약하다
- 冰箱 bīngxiāng 명 냉장고
- 洗衣机 xǐyījī 명 세탁기
- 齐 qí 형 갖추다, 완전하게 되다
- 年代 niándài 명 시대, 시기
- 产业 chǎnyè 명 산업
- 所谓 suǒwèi 형 소위, 이른바
- 三大件 sāndàjiàn 명 세 가지 필수품
- 存折 cúnzhé 명 통장
- 变化 biànhuà 명 변화
- 贷款 dàikuǎn 명 대출금 동 대출하다
- 由 yóu 개 동작의 주체, 도구, 기점 등을 나타냄
- 还 huán 동 갚다, 보답하다
- 房奴 fángnú 명 집의 노예
- 车奴 chēnú 명 차의 노예
- 少不了 shǎobuliǎo 동 빼놓을 수 없다
- 彩车 cǎichē 명 웨딩카
- 酒席 jiǔxí 명 연회석
- 摄像 shèxiàng 명 촬영 동 촬영하다
- 预定 yùdìng 동 예약하다, 예정하다
- 国庆节 Guóqìng Jié 고유 궈칭지에[국경절]

- 断 duàn 동 끊(어지)다, 단절하다
- 婚庆服务公司 hūnqìng fúwù gōngsī 명 결혼식 대행 회사
- 代办 dàibàn 동 대행하다, 대신 처리하다
- 助学贷款 zhùxué dàikuǎn 명 학자금 대출
- 平等 píngděng 명 평등
- 夫妻 fūqī 명 부부
- 责任 zérèn 명 책임
- 地点 dìdiǎn 명 장소
- 家庭 jiātíng 명 가정
- 世纪 shìjì 명 세기
- 缓慢 huǎnmàn 형 (속도가) 완만하다, 느리다
- 缝纫机 féngrènjī 명 재봉틀
- 实力 shílì 명 실력
- 象征 xiàngzhēng 명 상징
- 改革开放 gǎigé kāifàng 명 개혁 개방
- 巨大 jùdà 형 거대하다, 어마어마하다
- 走入 zǒurù 동 들어가다
- 千家万户 qiānjiā wànhù 성 수많은 가구, 많은 집
- 飞跃 fēiyuè 동 비약하다 명 비약(적인 발전)
- 保险 bǎoxiǎn 명 보험
- 与否 yǔfǒu 명 여부
- 物质 wùzhì 명 물질

제1강세, 제2강세, 띄어 읽기로 리듬을 느끼며 다음 문장을 익혀 보세요. 🎧 08-02

①

结婚那天 // 少不了彩车、 / 酒席 / 和摄像，
Jiéhūn nàtiān shǎobuliǎo cǎichē、jiǔxí hé shèxiàng,

这些 // 你都 / 预订了吗?
zhèxiē nǐ dōu yùdìng le ma?

결혼식 날 웨딩카, 연회석, 촬영이 빠지면 안 되던데, 이것들은 모두 예약했어요?

②

因为 // 国庆节 / 结婚的人 / 很多，
Yīnwèi Guóqìng Jié jiéhūn de rén hěn duō,

我为了 / 预订酒席， // 差点儿 / 跑断了腿，
wǒ wèile yùdìng jiǔxí, chàdiǎnr pǎo duàn le tuǐ,

好不容易 // 才在白山大饭店 / 订上六十桌。
hǎobùróngyì cái zài Báishān dàfàndiàn dìng shàng liùshí zhuō.

궈칭지에에 결혼하는 사람이 많아서 연회석을 예약하러 다니느라 다리가 부러지는 줄 알았다니까요. 간신히 바이산 호텔에 60개 테이블을 예약했어요.

③

很多人 // 都是结婚以后，
Hěn duō rén dōu shì jiéhūn yǐhòu,

夫妻 // 一起买房， / 一起还贷款，
fūqī yìqǐ mǎi fáng, yìqǐ huán dàikuǎn,

不要 / 把买房的责任 // 都放到 / 自己身上。
bú yào bǎ mǎi fáng de zérèn dōu fàng dào zìjǐ shēnshang.

많은 사람들이 결혼을 하고 나서 부부가 같이 집을 사고 대출도 같이 갚으니 집을 사는 책임을 자신에게만 지우지 말아요.

1 .... 🎧08-03

이동환
听说你正在准备结婚，够忙的吧？中国人结婚都要有
Tīngshuō nǐ zhèngzài zhǔnbèi jiéhūn, gòu máng de ba? Zhōngguórén jiéhūn dōu yào yǒu

结婚证，你呢，办证了没有？婚礼的日子订了吗？
jiéhūnzhèng, nǐ ne, bàn zhèng le méiyǒu? Hūnlǐ de rìzi dìng le ma?

왕홍웨이
结婚证已经办了，日子就订在国庆节，趁放长假正好
Jiéhūnzhèng yǐjīng bàn le, rìzi jiù dìng zài Guóqìng Jié, chèn fàng chángjià zhènghǎo

去度蜜月。到时候你可一定要来参加我的婚礼啊。
qù dù mìyuè. Dào shíhou nǐ kě yídìng yào lái cānjiā wǒ de hūnlǐ a.

이동환
那还用说，我一定会参加的。对了，电视、冰箱、
Nà hái yòng shuō, wǒ yídìng huì cānjiā de. Duìle, diànshì、bīngxiāng、

洗衣机这"三大件"都买齐了？
xǐyījī zhè "sāndàjiàn" dōu mǎi qí le?

왕홍웨이
哎呦，你说的是八十年代的"老三件"。随着各种产业
Āiyōu, nǐ shuō de shì bāshí niándài de "lǎo sān jiàn". Suízhe gèzhǒng chǎnyè

的发展，现在所谓的三大件已经是汽车、房子和存折啦。
de fāzhǎn, xiànzài suǒwèi de sāndàjiàn yǐjīng shì qìchē、fángzi hé cúnzhé la.

이동환
真没想到，随着中国经济的发展，三大件有了这么大
Zhēn méi xiǎngdào, suízhe Zhōngguó jīngjì de fāzhǎn, sāndàjiàn yǒu le zhème dà

的变化。那房子和汽车都买好了？
de biànhuà. Nà fángzi hé qìchē dōu mǎi hǎo le?

왕홍웨이
我才工作几年，哪有那么多钱，我是贷款买的房子❶，
Wǒ cái gōngzuò jǐ nián, nǎ yǒu nàme duō qián, wǒ shì dàikuǎn mǎi de fángzi,

贷款由我自己还。成了房奴的我可不想再成车奴，
dàikuǎn yóu wǒ zìjǐ huán. Chéng le fángnú de wǒ kě bù xiǎng zài chéng chēnú,

所以我决定不买新车，还开以前的旧车。
suǒyǐ wǒ juédìng bù mǎi xīn chē, hái kāi yǐqián de jiù chē.

이동환
结婚那天少不了彩车、酒席和摄像，这些你都预订了吗？
Jiéhūn nàtiān shǎobuliǎo cǎichē、jiǔxí hé shèxiàng, zhèxiē nǐ dōu yùdìng le ma?

왕홍웨이
别提了！因为国庆节结婚的人很多，我为了预订酒席，
Bié tí le! Yīnwèi Guóqìng Jié jiéhūn de rén hěn duō, wǒ wèile yùdìng jiǔxí,

差点儿跑断了腿，好不容易才在白山大饭店订上六十
chàdiǎnr pǎo duàn le tuǐ, hǎobùróngyì cái zài Báishān dàfàndiàn dìng shàng liùshí

桌。其他的，就都交给了婚庆服务公司，让他们代办。
zhuō. Qítā de, jiù dōu jiāo gěi le hūnqìng fúwù gōngsī, ràng tāmen dàibàn.

이동환 真羡慕你，工作又好，又有能力。我都快三十了，
Zhēn xiànmù nǐ, gōngzuò yòu hǎo, yòu yǒu nénglì. Wǒ dōu kuài sānshí le,

今年好不容易才找到一份工作，又要还助学贷款，
jīnnián hǎobùróngyì cái zhǎo dào yí fèn gōngzuò, yòu yào huán zhùxué dàikuǎn,

别说❷是新的三大件，就连老三件都不知道什么时候
biéshuō shì xīn de sāndàjiàn, jiù lián lǎo sān jiàn dōu bù zhīdao shénme shíhou

才能买齐呢。
cái néng mǎi qí ne.

왕훙웨이 看你说的，现在不是"男女平等"嘛，很多人都是结婚
Kàn nǐ shuō de, xiànzài bú shì "nánnǚ píngděng" ma, hěn duō rén dōu shì jiéhūn

以后，夫妻一起买房，一起还贷款，不要把买房的责任
yǐhòu, fūqī yìqǐ mǎi fáng, yìqǐ huán dàikuǎn, bú yào bǎ mǎi fáng de zérèn

都放到自己身上。哎呀，我得走了，今天我和马玲约好
dōu fàng dào zìjǐ shēnshang. Aīyā, wǒ děi zǒu le, jīntiān wǒ hé Mǎ Líng yuē hǎo

一起商量蜜月旅行的地点。
yìqǐ shāngliang mìyuè lǚxíng de dìdiǎn.

이동환 希望你们能找到满意的地点。
Xīwàng nǐmen néng zhǎo dào mǎnyì de dìdiǎn.

中国人结婚的三大件代表了一个家庭或者一个人的收入
Zhōngguórén jiéhūn de sāndàjiàn dàibiǎo le yí ge jiātíng huòzhě yí ge rén de shōurù

水平。二十世纪七十年代，中国经济缓慢增长，手表、自行车、
shuǐpíng. Èrshí shìjì qīshí niándài, Zhōngguó jīngjì huǎnmàn zēngzhǎng, shǒubiǎo、zìxíngchē、

缝纫机成为了家庭经济实力的象征；八十年代中后期，改革开放
féngrènjī chéngwéi le jiātíng jīngjì shílì de xiàngzhēng; bāshí niándài zhōnghòuqī, gǎigé kāifàng

带来了巨大变化，彩电、冰箱、洗衣机渐渐走入了千家万户；
dàilái le jùdà biànhuà, cǎidiàn、bīngxiāng、xǐyījī jiànjiàn zǒurù le qiānjiā wànhù;

九十年代，电话、空调和电脑开始走进人们的生活；二十一
jiǔshí niándài, diànhuà、kōngtiáo hé diànnǎo kāishǐ zǒujìn rénmen de shēnghuó; èrshíyī

世纪初，人们的生活出现飞跃，汽车、房子和存折变得必不可少。
shìjì chū, rénmen de shēnghuó chūxiàn fēiyuè, qìchē、fángzi hé cúnzhé biàn de bì bù kě shǎo.

虽然结婚与否不在于金钱的多少，但越来越多的青年开始被
Suīrán jiéhūn yǔfǒu bú zàiyú jīnqián de duōshao, dàn yuèláiyuè duō de qīngnián kāishǐ bèi

物质所迷惑。
wùzhì suǒ míhuò.

2 의 내용을 바탕으로 대답해 봅시다.

1 中国人结婚的"三大件"代表什么？

2 随着时代的变化，"三大件"发生了怎样的变化？

 아하! 그렇구나!

❶ 我是贷款买的房子: '是……的' 구문에서 목적어 '房子'가 '的' 뒤에 온 문형이다.

❷ 别说: '也'나 '都'와 함께 쓰여 '~는 말할 것도 없고 ~조차도'라는 뜻을 나타낸다.

趁……

기회나 조건을 이용함을 나타낸다. 뒤에는 명사, 동사, 형용사, 절이 올 수 있다.

日子就订在国庆节，趁放长假正好去度蜜月。
Rìzi jiù dìng zài Guóqìng Jié, chèn fàng chángjià zhènghǎo qù dù mìyuè.

趁着年轻多学习吧。
Chèn zhe niánqīng duō xuéxí ba.

'趁……'을 활용하여 문장을 완성해 보세요.

① 小偷＿＿＿＿＿＿＿＿＿＿＿＿＿把我的书包偷走了。

② 快要下雨了，＿＿＿＿＿＿＿＿＿＿＿我们快走吧。

③ 咖啡凉了不好喝，＿＿＿＿＿＿＿＿＿＿＿。

……齐

동사 뒤에 쓰여서 동작을 통하여 예정된 수량을 모두 채워서 완전하게 되었음을 의미한다.

电视、冰箱、洗衣机这"三大件"都买齐了？
Diànshì, bīngxiāng, xǐyījī zhè "sāndàjiàn" dōu mǎi qí le?

等大家都到齐了，我们就出发。
Děng dàjiā dōu dào qí le, wǒmen jiù chūfā.

'……齐'를 활용하여 문장을 완성해 보세요.

① 学生们都＿＿＿＿＿＿＿＿＿＿＿，可以出发了。

② 菜都＿＿＿＿＿＿＿＿＿＿＿，大家快趁热吃吧。

③ 这次旅游所需要的东西都＿＿＿＿＿＿＿＿＿＿＿，可以走了。

少不了

'~가 빠질 수 없다'라는 뜻으로 어떤 일에 없어서는 안 되는 필수적인 요소나 조건임을 나타낸다.

结婚那天少不了彩车、酒席和摄像。
Jiéhūn nàtiān shǎobuliǎo cǎichē、jiǔxí hé shèxiàng.

学习地理，少不了地图。
Xuéxí dìlǐ, shǎobuliǎo dìtú.

地理 dìlǐ 지리 | 地图 dìtú 지도

그림을 보고 '少不了'를 활용하여 문장을 완성해 보세요.

①    ②    ③

① 女孩子们在一起_____

_____。

② 篮球比赛_____

_____。

③ 我们每次见面都_____

_____。

别说A，就(是)B也/都

'A는 말할 것도 없고 B도'라는 뜻으로 A는 당연하다고 여기고 B를 부각시키는 경우에 쓰인다.

别说是新的三大件，就连老三件都不知道什么时候才能买齐呢。
Biéshuō shì xīn de sāndàjiàn, jiù lián lǎo sān jiàn dōu bù zhīdao shénme shíhou cái néng mǎi qí ne.

我到现在一直忙工作，别说早饭，就是午饭也没顾得上吃。
Wǒ dào xiànzài yìzhí máng gōngzuò, biéshuō zǎofàn, jiù shì wǔfàn yě méi gù de shàng chī.

顾得上 gù de shàng 돌아볼 수 있다, 마음 쓸 여유가 있다

'别说……就(是)……也/都'를 활용하여 같은 뜻의 문장으로 바꿔 보세요.

① 这几天白天热得要命，就连晚上也热得让人受不了。

   → 这几天_____。

② 她连头发也没洗，更不用说打扮了。

   → 她_____。

③ 我连自行车也没有，怎么会有汽车呢!

   → 我_____。

회화 가지를 치다

1 筹备结婚

A 最近为了筹备结婚，忙得不可开交吧？
Zuìjìn wèile chóubèi jiéhūn, máng de bù kě kāijiāo ba?

B 可不是，今天去拍婚纱照。
Kěbúshì, jīntiān qù pāi hūnshāzhào.

★ 바꿔 말하기

B 选婚纱 | 买结婚戒指
xuǎn hūnshā | mǎi jiéhūn jièzhi

2 意中人

A 你想和怎样的人结婚？
Nǐ xiǎng hé zěnyàng de rén jiéhūn?

B 我想和能理解我的人结婚。
Wǒ xiǎng hé néng lǐjiě wǒ de rén jiéhūn.

★ 바꿔 말하기

B 老实 | 喜欢旅行
lǎoshi | xǐhuan lǚxíng

3 结婚新房

A 结婚新房已经准备好了吗？
Jiéhūn xīnfáng yǐjīng zhǔnbèi hǎo le ma?

B 我们正在找出租房。
Wǒmen zhèngzài zhǎo chū zūfáng.

★ 바꿔 말하기

B 想贷款买房 | 想在婆婆家和婆婆一起过
xiǎng dàikuǎn mǎi fáng | xiǎng zài pópo jiā hé pópo yìqǐ guò

단어
筹备 chóubèi 기획하고 준비하다 | 开交 kāijiāo 해결하다, 끝을 맺다 | 婚纱照 hūnshāzhào 웨딩 촬영 | 婚纱 hūnshā 웨딩드레스 | 戒指 jièzhi 반지 | 新房 xīnfáng 신혼집 | 婆婆 pópo 시어머니

听和说 🎧 08-06

1 请根据录音内容，回答下列问题。

① 我和男朋友交往有多久了？ _____

② 我和男朋友对什么问题看法不同？ _____

③ 我为什么改变了想法？ _____

2 请利用下列词语，简单地说明录音的内容。

> 贷款　公公　婆婆

_____

_____

3 请你和同桌谈一谈自己对结婚的看法。

写和说

1 请利用下列生词造句，并大声朗读。

① 所谓　→ _____

② 好不容易　→ _____

③ 够……的　→ _____

读和说

1 请阅读下面的短文，并选择恰当的句子填空。

> 　　我今年32岁。从我刚过30开始，____①____。因为我从没交过男朋友，也不知道和男性在一起该说些什么，所以我一直觉得工作、和女朋友们一起聊天更有意思。可是最近我的朋友们都结婚了，____②____，所以我在想是否我也应该结婚。可是我不想因为年龄大，____③____。人为什么一定要结婚？在事业上获得成功的单身女性不是也让人们羡慕吗？我真不明白为什么人们对单身女性存在偏见？
>
> 单身 dānshēn 독신 | 羡慕 xiànmù 부러워하다 | 存在 cúnzài 존재하다 | 偏见 piānjiàn 편견

ⓐ 见面时她们都只谈自己的老公和孩子
　　　　　　　　　　　　　lǎogōng 남편
ⓑ 母亲就不停地催我快点结婚
　　　　　　　cuī 재촉하다
ⓒ 而和自己不喜欢的男人结婚

2 请你针对短文中"我"的想法，发表自己的意见。
　　zhēnduì 맞추다

_____

_____

想和说

1 请根据下面的漫画内容，与同桌进行对话。

_____

_____

금슬 좋은 부부의 상징

중국에는 예로부터 금슬 좋은 부부를 상징하는 다양한 표현이 있다. 가장 대표적인 것은 원앙(鴛鴦, yuānyāng)이다. 원래 '鴛'은 수컷을, '鴦'은 암컷을 가리키나 지금은 암수 모두 원앙이라고 부른다. 민간 전설에 의하면 원앙은 짝을 이루고 나면 평생 함께 하며 짝이 먼저 죽으면 새로 짝을 이루지 않고 혼자 그리워하다가 죽는다고 한다. 그래서 신랑 신부의 비단금침에는 원앙을 수놓아서 부부가 백년해로하기를 기원한다.

그러나 원래 원앙은 우의가 돈독한 형제를 상징했다. 늘 함께 하는 원앙처럼 의좋은 형제를 비유한 시구가 종종 보인다. 그러나 당(唐) 이후로는 금슬 좋은 부부를 상징하게 되었다.

중국의 고대 문학 작품에는 금슬 좋은 부부를 상징하는 비익조(比翼鳥, bǐyìniǎo)와 연리지(连理枝, liánlǐzhī)가 종종 등장한다. 비익조의 원래 이름은 만만(蛮蛮, mánmán)으로 전설 속의 새다. 눈과 날개가 각각 하나씩이어서 암수가 함께 있어야 날 수 있다. 이 때문에 한 몸과 같은 금슬 좋은 부부를 상징한다. 연리지란 뿌리가 다른 두 나무의 가지가 서로 엉켜서 마치 한 나무처럼 자라는 현상을 가리킨다. 서로 다른 가정에서 자라나 하나의 가정으로 합쳐져 함께 살아감을 상징한다.

당나라 현종과 양귀비의 슬픈 사랑을 노래한 백거이(白居易, Bái Jūyì)의 「장한가(长恨歌, Chánghèngē)」라는 시에는 다음과 같은 구절이 있다. "在天愿作比翼鸟, 在地愿为连理枝(Zài tiān yuàn zuò bǐyìniǎo, zài dì yuàn wéi liánlǐzhī 하늘에서는 비익조가 되길 바라고 땅에서는 연리지가 되길 바라네)"

그렇다면 금슬은 무슨 뜻일까? '금(琴, qín)'은 '거문고'를, '슬(瑟, sè)'은 '비파'를 뜻하는데, 거문고와 비파의 소리가 잘 어울린다는 의미에서 잘 어울리는 부부를 상징하게 되었다.

금슬 좋은 부부의 상징 원앙

09

我也很想了解一下中国人的结婚风俗。

중국인의 결혼 풍습도 알고 싶어요.

이 과의 학습 목표

1 중국인의 결혼 풍습과 관련된 표현

2 '……来'를 이용한 근접한 수치 표현

3 '该多……啊' 구문 표현

- 新郎 xīnláng 명 신랑
- 新娘 xīnniáng 명 신부
- 梳洗 shūxǐ 동 단장하다, 머리를 빗고 세수를 하다
- 亲戚 qīnqi 명 친척
- 迎接 yíngjiē 동 맞이하다, 영접하다
- 到来 dàolái 동 오다, 도래하다
- 经过 jīngguò 동 지나다, 거치다
- 道 dào 명 길
- 关卡 guānqiǎ 명 관문
- 函 hán 명 함
- 之前 zhīqián 명 전, 이전
- 刁难 diāonàn 동 괴롭히다, 못살게 굴다
- 番 fān 양 번, 차례[동작의 횟수를 셀 때 쓰임]
- 红包 hóngbāo 명 (축의금 등을 넣는) 붉은 종이봉투
- 认可 rènkě 동 허락을 받다, 승낙하다
- 辆 liàng 양 량, 대[차량을 셀 때 쓰임]
- 名牌 míngpái 명 유명 상표, 유명 브랜드
- 轿车 jiàochē 명 승용차
- 组成 zǔchéng 동 조성하다, 구성하다
- 大款 dàkuǎn 명 큰 부자
- 搞 gǎo 동 하다, 처리하다
- 排场 páichǎng 명 겉치레, 허례허식, 사치

- 绕 rào 동 돌다
- 周 zhōu 양 바퀴
- 出色 chūsè 형 탁월하다
- 烦恼 fánnǎo 형 걱정하다 명 걱정
- 殿堂 diàntáng 명 전당
- 爱人 àiren 명 남편, 아내
- 有为 yǒuwéi 동 장래성이 있다, 전도 유망하다
- 工程师 gōngchéngshī 명 엔지니어
- 公公 gōnggong 명 시아버지
- 依赖 yīlài 동 의지하다
- 长期房贷 chángqī fángdài 명 장기 주택 융자
- 单过 dānguò 동 따로 살다
- 核心家庭 héxīn jiātíng 명 핵가족
- 四世同堂 sìshì tóngtáng 명 4대가 한 집에 같이 사는 것
- 照顾 zhàogù 동 돌보다, 보살피다
- 尽 jìn 동 다하다
- 孝心 xiàoxīn 명 효심, 효도

제1강세, 제2강세, 띄어 읽기로 리듬을 느끼며 다음 문장을 익혀 보세요. 🎧 09-02

1

在韩国 // 也有结婚之前 // "卖函"的风俗,
Zài Hánguó yě yǒu jiéhūn zhīqián "mài hán" de fēngsú,

在新郎的 / 好友们 // 把"函" / 送到新娘家之前,
zài xīnláng de hǎoyǒumen bǎ "hán" sòng dào xīnniáng jiā zhīqián,

他们 // 会在新娘家门前 // 故意刁难 / 新娘的好友们 / 一番。
tāmen huì zài xīnniáng jiā ménqián gùyì diāonàn xīnniáng de hǎoyǒumen yì fān.

한국에도 결혼 전에 '함을 파는' 풍습이 있어. 신랑의 친구들이 신부의 집에 '함'을 넘겨주기 전에 신부의 집 앞에서 고의
로 신부 친구들을 한바탕 괴롭히지.

2

普通人 // 一般不会搞 / 这么大的排场,
Pǔtōngrén yìbān bú huì gǎo zhème dà de páichǎng,

但 // 新郎 / 接新娘后,
dàn xīnláng jiē xīnniáng hòu,

会一起 / 坐着彩车 // 绕城市的 / 主要道路 / 一周。
huì yìqǐ zuò zhe cǎichē rào chéngshì de zhǔyào dàolù yì zhōu.

보통사람들은 일반적으로 그렇게 크게 겉치레를 하지 않아. 그러나 신랑이 신부를 맞이한 후에는 함께 웨딩카에 앉아서
도시의 주요 도로를 한 바퀴 돌아.

3

马玲夫妻 // 工作 / 都很忙,
Mǎ Líng fūqī gōngzuò dōu hěn máng,

但 / 他们说好, // 平时 // 好好照顾 / 自己的小家庭,
dàn tāmen shuō hǎo, píngshí hǎohāo zhàogù zìjǐ de xiǎojiātíng,

而每个周末 // 一定要到父母家 / 尽做儿女的孝心。
ér měi ge zhōumò yídìng yào dào fùmǔ jiā jìn zuò érnǚ de xiàoxīn.

마링 부부는 일이 매우 바쁘다. 하지만 그들은 평소에는 그들의 작은 가정을 잘 돌보고, 매 주말에는 반드시 부모님 댁에
가서 자녀로서의 효도를 다하기로 약속했다.

1 ··· 🎧 09-03

추이시우란　今天马玲结婚，你去不去参加婚礼？
　　　　　Jīntiān Mǎ Líng jiéhūn, nǐ qù bu qù cānjiā hūnlǐ?

장민주　那还用说，好朋友的婚礼我怎么能不参加？而且，
　　　　Nà hái yòng shuō, hǎo péngyou de hūnlǐ wǒ zěnme néng bù cānjiā? Érqiě,

　　　　我也很想了解一下中国人的结婚风俗。听说结婚当天，
　　　　wǒ yě hěn xiǎng liǎojiě yíxià Zhōngguórén de jiéhūn fēngsú. Tīngshuō jiéhūn dàngtiān,

　　　　新郎一大早就要去新娘家接新娘，是吗？
　　　　xīnláng yídàzǎo jiù yào qù xīnniáng jiā jiē xīnniáng, shì ma?

추이시우란　是的。结婚那天，新娘一大早就要梳洗打扮，
　　　　　Shì de. Jiéhūn nàtiān, xīnniáng yídàzǎo jiù yào shūxǐ dǎban,

　　　　还要和亲戚朋友一起准备迎接新郎的到来。
　　　　hái yào hé qīnqi péngyou yìqǐ zhǔnbèi yíngjiē xīnláng de dàolái.

　　　　可是新郎并不是很容易地就能把新娘接走，
　　　　Kěshì xīnláng bìng bú shì hěn róngyì de jiù néng bǎ xīnniáng jiē zǒu,

　　　　必须要经过几道关卡。
　　　　bìxū yào jīngguò jǐ dào guānqiǎ.

장민주　在韩国也有结婚之前"卖函❶"的风俗，
　　　　Zài Hánguó yě yǒu jiéhūn zhīqián "mài hán" de fēngsú,

　　　　在新郎的好友们把"函"送到新娘家之前，
　　　　zài xīnláng de hǎoyǒumen bǎ "hán" sòng dào xīnniáng jiā zhīqián,

　　　　他们会在新娘家门前故意刁难新娘的好友们一番。
　　　　tāmen huì zài xīnniáng jiā ménqián gùyì diāonàn xīnniáng de hǎoyǒumen yì fān.

추이시우란　我以前在电视上看过这个场面，新娘家为了拿到"函"，
　　　　　Wǒ yǐqián zài diànshì shàng kàn guo zhè ge chǎngmiàn, xīnniáng jiā wèile ná dào "hán",

　　　　不仅要给新郎的好友红包，还要给他们做可口的饭菜。
　　　　bùjǐn yào gěi xīnláng de hǎoyǒu hóngbāo, hái yào gěi tāmen zuò kěkǒu de fàncài.

　　　　中国可就大不一样了，新郎为了能接走新娘，
　　　　Zhōngguó kě jiù dà bù yíyàng le, xīnláng wèile néng jiē zǒu xīnniáng,

　　　　不仅要给新娘的好友红包，还要给新娘的父母上茶，
　　　　bùjǐn yào gěi xīnniáng de hǎoyǒu hóngbāo, hái yào gěi xīnniáng de fùmǔ shàng chá,

　　　　得到他们的认可。
　　　　dédào tāmen de rènkě.

장민주 听说结婚用的彩车都是由几十辆外国名牌轿车组成的?
Tīngshuō jiéhūn yòng de cǎichē dōu shì yóu jǐshí liàng wàiguó míngpái jiàochē zǔchéng de?

추이시우란 你说的是大款，普通人一般不会搞这么大的排场，但新郎
Nǐ shuō de shì dàkuǎn, pǔtōngrén yìbān bú huì gǎo zhème dà de páichǎng, dàn xīnláng

接新娘后，会一起坐着彩车绕城市的主要道路一周。
jiē xīnniáng hòu, huì yìqǐ zuò zhe cǎichē rào chéngshì de zhǔyào dàolù yì zhōu.

장민주 原来有这么多的讲究。对了，听说新郎三十来岁，
Yuánlái yǒu zhème duō de jiǎngjiu. Duìle, tīngshuō xīnláng sānshí lái suì,

小马玲两岁。
xiǎo Mǎ Líng liǎng suì.

추이시우란 嗯，前几个月我在路上见过新郎一次，尽管比马玲小，
Èng, qián jǐ ge yuè wǒ zài lùshang jiàn guo xīnláng yí cì, jǐnguǎn bǐ Mǎ Líng xiǎo,

但是对马玲就像哥哥一样，非常细心。
dànshì duì mǎ Líng jiù xiàng gēge yíyàng, fēicháng xìxīn.

장민주 我要是也能遇到这样的男朋友该多好哇!
Wǒ yàoshi yě néng yùdào zhèyàng de nánpéngyou gāi duō hǎo wa!

추이시우란 你人那么好，大家都很喜欢你，肯定能找到出色的
Nǐ rén nàme hǎo, dàjiā dōu hěn xǐhuan nǐ, kěndìng néng zhǎo dào chūsè de

男朋友。看到马玲结婚，我也想结婚了。
nánpéngyou. Kàn dào Mǎ Líng jiéhūn, wǒ yě xiǎng jiéhūn le.

可是结婚吧，我和男朋友还没有经济能力，
Kěshì jiéhūn ba, wǒ hé nánpéngyou hái méiyǒu jīngjì nénglì,

不结婚吧，每天都想在一起。
bù jiéhūn ba, měitiān dōu xiǎng zài yìqǐ.

장민주 哎！真是幸福的烦恼哇。时间不早了，我们得赶快出发啦。
Āi! Zhēnshi xìngfú de fánnǎo wa. Shíjiān bù zǎo le, wǒmen děi gǎnkuài chūfā la.

2

三年前经系里的学哥介绍，马玲认识了王宏伟，经过三年
Sān nián qián jīng xì li de xuégē jièshào, Mǎ Líng rènshi le Wáng Hóngwěi, jīngguò sān nián

的交往，昨天俩人终于走进了结婚的殿堂。马玲的爱人王宏伟
de jiāowǎng, zuótiān liǎ rén zhōngyú zǒujìn le jiéhūn de diàntáng. Mǎ Líng de àiren Wáng Hóngwěi

是一家大公司里年轻有为的工程师。虽然公公家的房子很大，
shì yì jiā dà gōngsī li niánqīng yǒuwéi de gōngchéngshī. Suīrán gōnggong jiā de fángzi hěn dà,

但是他们不想依赖父母，所以通过长期房贷，在公公家附近
dànshì tāmen bù xiǎng yīlài fùmǔ, suǒyǐ tōngguò chángqī fángdài, zài gōnggong jiā fùjìn

购买了一所小公寓，自己单过。现在在中国出现了很多像马玲
gòumǎi le yì suǒ xiǎo gōngyù, zìjǐ dānguò. Xiànzài zài Zhōngguó chūxiàn le hěn duō xiàng Mǎ Líng

家这样的核心家庭，而传统的"四世同堂"大家庭已不多见。
jiā zhèyàng de héxīn jiātíng, ér chuántǒng de "sìshì tóngtáng" dàjiātíng yǐ bù duō jiàn.

马玲夫妻工作都很忙，但他们说好，平时好好照顾自己的
Mǎ Líng fūqī gōngzuò dōu hěn máng, dàn tāmen shuō hǎo, píngshí hǎohāo zhàogù zìjǐ de

小家庭，而每个周末一定要到父母家尽做儿女的孝心。
xiǎojiātíng, ér měi ge zhōumò yídìng yào dào fùmǔ jiā jìn zuò érnǚ de xiàoxīn.

2 의 내용을 바탕으로 대답해 봅시다.

1 马玲和王宏伟是怎么认识的？ 他们交往了多长时间？
2 他们通过什么方法购买的公寓？

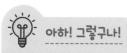
아하! 그렇구나!

❶ 卖函: 함을 파는 한국의 결혼 풍습을 가리킨다.

표현 날개를 달다

……来

수사나 양사 뒤에 부가되어 '~쯤'이라는 뜻으로 근접한 수치를 나타낸다.

听说新郎三十来岁。
Tīngshuō xīnláng sānshí lái suì.

他今天走了六里来路。
Tā jīntiān zǒu le liù lǐ lái lù.

10의 배수인 수사의 뒤에 쓰이거나 연속 양사의 뒤에 쓰인다.

十来斤肉 = 10斤±1~2斤   十斤来肉 = 10斤±1~2两

그림을 보고 '来'를 활용하여 대략적인 수치로 대답해 보세요.

① 3

还要多长时间?

→ _____

② 20

你借了多少书?

→ _____

③ 2斤

你要买多少肉?

→ _____

형용사+비교 대상

일부 형용사들은 비교 대상 및 수량 표현을 부가하여 뒤에 '~보다 ~만큼 더 ~하다'라는 뜻을 나타낸다. 이러한 형용사로는 '大' '小' '快' '慢' '高' '矮' '低' '多' '少' '早' '晚' '近' '远' '贵' '便宜' 등이 있다.

他小马玲两岁。
Tā xiǎo Mǎ Líng liǎng suì.

弟弟矮他一头。
Dìdi ǎi tā yì tóu.

비교 대상을 형용사의 뒤에 놓는 표현으로 바꿔 보세요.

① 他比你大三岁。 → _____

② 我比他高十厘米。 → _____
　　　　　lími 센티미터

③ 他跑得比我快一圈儿。 → _____

该多……啊

'该多' 뒤에 형용사를 부가하여 '얼마나 ~하겠는가'라는 뜻의 감탄을 나타낸다.

我要是也能遇到这样的男朋友该多好哇!
Wǒ yàoshi yě néng yùdào zhèyàng de nánpéngyou gāi duō hǎo wa!

如果你不离开这儿该多好哇!
Rúguǒ nǐ bù líkāi zhèr gāi duō hǎo wa!

'该多……啊'를 활용하여 같은 뜻의 문장으로 바꾸어 보세요.

① 如果是这样，会让人十分高兴的。

　　→ _____

② 春天去北海公园，会很好玩儿的。

　　→ _____

③ 要是他们都来，会很热闹的。

　　→ _____

……吧……，……吧……

두 개 이상의 가정절 뒤에 '吧'가 각각 부가되어 어떤 조건이든 만족할 만한 결과를 얻을 수 없는 상황을 표현할 때 쓴다.

结婚吧，我和男朋友还没有经济能力，不结婚吧，每天都想在一起。
Jiéhūn ba, wǒ hé nánpéngyou hái méiyǒu jīngjì nénglì, bù jiéhūn ba, měitiān dōu xiǎng zài yìqǐ.

在家吧，一个人没意思，出去玩儿吧，外边又太冷。
Zài jiā ba, yí ge rén méi yìsi, chūqù wánr ba, wàibiān yòu tài lěng.

'……吧……，……吧……' 형식을 사용하는 문장으로 어순에 맞게 배열해 보세요.

① 跟他说 / 不说 / 又怕他误会 / 怕他失望

shīwàng 실망하다

　　→ _____

② 对不起父母 / 不去 / 去 / 对不起朋友

　　→ _____

③ 不给钱 / 不好意思 / 给钱 / 又给不起

　　→ _____

회화 가지를 치다

1 找对象

A 你找对象想找多大的?
Nǐ zhǎo duìxiàng xiǎng zhǎo duōdà de?

B 最多比我大五岁。
Zuì duō bǐ wǒ dà wǔ suì.

★ 바꿔 말하기

B 只要比我小就行   无年龄限制
Zhǐyào bǐ wǒ xiǎo jiù xíng   Wú niánlíng xiànzhì

2 相识

A 您两位是怎么认识的?
Nín liǎng wèi shì zěnme rènshi de?

B 我们是在社团里认识的。
Wǒmen shì zài shètuán li rènshi de.

★ 바꿔 말하기

B 一位朋友介绍我们认识的   我们是在网上认识的
Yí wèi péngyou jièshào wǒmen rènshi de   Wǒmen shì zài wǎngshàng rènshi de

3 婚事

A 你打算什么时候结婚?
Nǐ dǎsuan shénme shíhou jiéhūn?

B 只要找到中意的，马上结婚。
Zhǐyào zhǎo dào zhòngyì de, mǎshàng jiéhūn.

★ 바꿔 말하기

B 等挣够了钱以后，再结婚   还没考虑过结婚问题
Děng zhèng gòu le qián yǐhòu, zài jiéhūn   Hái méi kǎolǜ guo jiéhūn wèntí

단어 对象 duìxiàng 결혼 상대 | 年龄 niánlíng 연령, 나이 | 限制 xiànzhì 제한, 한정 | 相识 xiāngshí 서로 알다 | 社团 shètuán 동아리 | 婚事 hūnshì 혼사, 결혼 문제 | 中意 zhòngyì 만족하다, 마음에 들다

실력이 늘다

听和说　🎧 09-06

1 请根据录音内容，回答下列问题。

① 相敏的女朋友是哪国人？ _____

② 相敏和女朋友交往多长时间后决定结婚的？ _____

③ 相敏和丽丽，谁大？ _____

④ 相敏将要在什么时间、什么地点举行婚礼？ _____

jǔxíng 거행하다

2 请利用下列词语，简单地说明录音的内容。

> 认识　结婚　婚礼

_____

_____

3 请说一说你打算举行怎样的婚礼。

写和说

1 请利用下列生词造句，并大声朗读。

① (수량)+来　→ _____

② 该多……啊　→ _____

③ ……吧……，……吧……　→ _____

读和说

1 请阅读下面的短文，并选择恰当的句子填空。

> 　　今天王宏伟既紧张又兴奋。因为 ___①___ 。王宏伟问民珠怎样求婚比较好，民珠告诉他："___②___ ，同时准备一份小礼物。"王宏伟给马玲写了一封表达自己爱意的长信，并___③___ 。今天将成为王宏伟和马玲终身难忘的最幸福的一天。
>
> 求婚 qiúhūn 청혼하다 ┃ 爱意 àiyì 남녀 간의 애정 ┃ 终身 zhōngshēn 평생

ⓐ 准备了一束玫瑰花
  méiguīhuā 장미
ⓑ 坦率地向马玲表白
  tǎnshuài 솔직하다   biǎobái 고백하다
ⓒ 今晚他要向马玲求婚

2 请参考上面的短文，说一说应给以下不同人物送怎样的礼物？

> 父母　兄弟姐妹　同学　朋友

（想和说）

1 请根据下面的漫画内容，与同桌进行对话。

중국의 전통 주택, 사합원

베이징에 가면 좁은 골목인 후통(胡同, hútòng)을 따라 줄지어 있는 사합원(四合院, sìhéyuàn)이라는 전통 주택을 볼 수 있다. 주택의 사면이 담으로 둘러싸여 밖에서는 안을 살펴 볼 수 없어서 바깥과는 완전히 차단된다. 화북 지역의 민간주택으로서 베이징에서 그 면모를 가장 잘 관찰할 수 있고 수량도 가장 많다. 그 밖에 산시(山西), 산시(陝西), 허베이(河北) 등의 지역에서도 사합원을 볼 수 있다.

사합원은 동서남북의 네 면이 합쳐져서 네모 반듯한 모습을 이루고 가운데 정원을 함께 공유하는 구조를 가진다. 남북을 긴 축으로 하며 북쪽에 안채 격인 정팡(正房)이 자리한다. 그 양옆으로 곁채에 해당하는 상팡(廂房)이 늘어서고, 남쪽 맞은편에는 행랑채인 다오쭈오팡(倒座房)이 위치한다. 모서리 부분은 양식을 넣어두는 창고나 주방, 또는 화장실로 사용되었다. 일반적으로 출입문은 하나만 두고 있어서 그 문만 닫으면 사방은 완전히 봉쇄된다.

사합원의 역사는 매우 깊다. 서주(西周)까지 거슬러 올라가서 3000여 년의 역사를 갖고 있다고 말하기도 하는데 적어도 한대(汉代)에는 그 골격이 형성됐다고 한다. 현재 베이징 도심에 남아있는 사합원은 주로 명(明)·청(淸) 시대에 지어진 것이다.

중국에서는 전통 문화 보존에 대한 인식이 강해지면서 사합원의 가치가 매우 높게 평가되고 있다.

사합원 정원에서 출입문을 바라볼 때의 모습

10

想要男孩儿
还是女孩儿?

아들을 원해요, 아니면 딸을 원해요?

이 과의 학습 목표

1 자녀와 관련된 표현

2 '对……来说' 구문 표현

3 '每'를 이용한 규칙적 반복 표현

- 桔子 júzi 명 귤

- 怀孕 huáiyùn 동 임신하다

- 恭喜 gōngxǐ 동 축하하다

- 重男轻女 zhòng nán qīng nǚ 성 남존여비

- 劳动力 láodònglì 명 노동력, 일손

- 农活 nónghuó 명 농사일

- 传宗接代 chuánzōng jiēdài 성 대를 잇다

- 养儿防老 yǎng'ér fánglǎo
  성 자식을 키워 노년을 대비하다

- 思想 sīxiǎng 명 사상

- 天翻地覆 tiānfān dìfù
  성 천지가 뒤집히는 듯하다, 천지개벽

- 男尊女卑 nán zūn nǚ bēi 성 남존여비

- 妇女 fùnǚ 명 부녀자, 여성

- 地位 dìwèi 명 지위

- 转变 zhuǎnbiàn 동 바꾸다 명 변화

- 比例 bǐlì 명 비율

- 平衡 pínghéng 동 평형되게 하다, 균형 있게 하다

- 无所谓 wúsuǒwèi 동 상관없다

- 用心 yòngxīn 형 마음을 쓰다, 심혈을 기울이다

- 培养 péiyǎng 동 양성하다, 키우다

- 尊重 zūnzhòng 동 존중하다, 중시하다

- 起名 qǐmíng 동 이름을 짓다

- 伴随 bànsuí 동 따라가다, 함께 가다

- 频率 pínlǜ 명 빈도

- 深远 shēnyuǎn 형 심원하다, 깊고 크다

- 好比 hǎobǐ 동 마치 ~과 같다

- 着装 zhuózhuāng 명 옷차림, 복장

- 妆扮 zhuāngbàn 명 옷차림새, 치장

- 印象 yìnxiàng 명 인상

- 表达 biǎodá 동 (사상이나 감정을) 나타내다

- 愿望 yuànwàng 명 희망, 소망

- 祝福 zhùfú 명 축복 동 축복하다

- 受益终身 shòuyì zhōngshēn
  한평생 이익을 얻다

- 至于 zhìyú 개 ~으로 말하자면

- 费用 fèiyòng 명 비용

- 不等 bùděng 형 같지 않다, 고르지 않다

제1강세, 제2강세, 띄어 읽기로 리듬을 느끼며 다음 문장을 익혀 보세요. 🎧 10-02

1

你终于／要当爸爸啦！
Nǐ zhōngyú yào dāng bàba la!

难怪／／你最近／人一天比一天／精神，
Nánguài nǐ zuìjìn rén yì tiān bǐ yì tiān jīngshen,

每天／都这么高兴。
měitiān dōu zhème gāoxìng.

드디어 아빠가 되는군요! 어쩐지 요즘 나날이 더 활기가 있고 매일 기분이 좋더라니.

2

这个世界上／／一半／是男人，
Zhè ge shìjiè shàng yíbàn shì nánrén,

一半是／女人，
yíbàn shì nǚrén,

互相尊重、互相理解／／才是／最重要的。
hùxiāng zūnzhòng、hùxiāng lǐjiě cái shì zuì zhòngyào de.

이 세상 절반은 남자고 절반은 여자인데, 서로 존중하고 이해하는 것이 가장 중요하죠.

3

一个好名字／／不仅／代表了父母／对孩子／深深的爱意，
Yí ge hǎo míngzi bùjǐn dàibiǎo le fùmǔ duì háizi shēnshēn de àiyì,

表达了／父母对孩子／美好的愿望／和祝福，
biǎodá le fùmǔ duì háizi měihǎo de yuànwàng hé zhùfú,

而且／／能让孩子／受益终身。
érqiě néng ràng háizi shòuyì zhōngshēn.

좋은 이름은 아이에 대한 부모의 깊은 사랑을 나타내고, 아이에 대한 부모의 아름다운 기대와 축복을 나타낼 뿐만 아니라 아이에게 평생 좋은 일만 있도록 한다.

1 .... 🎧 10-03

이동환
你这是去哪儿啊? 怎么买了这么多桔子?
Nǐ zhè shì qù nǎr a? Zěnme mǎi le zhème duō júzi?

왕홍웨이
我爱人怀孕了, 最近什么都吃不下, 就想吃像桔子这样
Wǒ àiren huáiyùn le, zuìjìn shénme dōu chī bu xià, jiù xiǎng chī xiàng júzi zhèyàng

酸的东西, 所以我跑到超市去给她买点儿。
suān de dōngxi, suǒyǐ wǒ pǎo dào chāoshì qù gěi tā mǎidiǎnr.

이동환
恭喜, 恭喜! 你终于要当爸爸啦! 难怪你最近人一天比
Gōngxǐ, gōngxǐ! Nǐ zhōngyú yào dāng bàba la! Nánguài nǐ zuìjìn rén yì tiān bǐ

一天精神, 每天都这么高兴。 你想要男孩儿还是女孩儿?
yì tiān jīngshen, měitiān dōu zhème gāoxìng. Nǐ xiǎng yào nánháir háishi nǚháir?

왕홍웨이
男女都一样, 不过现在不是流行"生男好听, 生女好命"
Nánnǚ dōu yíyàng, búguò xiànzài bú shì liúxíng "shēng nán hǎotīng, shēng nǚ hǎomìng"

这么一句话嘛! 我也更想要个女孩儿,
zhème yí jù huà ma! Wǒ yě gèng xiǎng yào ge nǚháir,

我希望有一个长得像我爱人一样的女儿。
wǒ xīwàng yǒu yí ge zhǎng de xiàng wǒ àiren yíyàng de nǚ'ér.

이동환
听说以前中国社会重男轻女, 现在有了变化?
Tīngshuō yǐqián Zhōngguó shèhuì zhòng nán qīng nǚ, xiànzài yǒu le biànhuà?

왕홍웨이
过去以农业为主, 男人是主要的劳动力, 生男孩儿的话,
Guòqù yǐ nóngyè wéi zhǔ, nánrén shì zhǔyào de láodònglì, shēng nánháir de huà,

能有助于做农活, 所以以前都希望生儿子, 而且
néng yǒuzhùyú zuò nónghuó, suǒyǐ yǐqián dōu xīwàng shēng érzi, érqiě

"传宗接代"、"养儿防老"是中国几千年的传统思想。
"chuánzōng jiēdài"、"yǎng'ér fánglǎo" shì Zhōngguó jǐ qiān nián de chuántǒng sīxiǎng.

可现在社会发生了天翻地覆的变化。
Kě xiànzài shèhuì fāshēng le tiānfān dìfù de biànhuà..

이동환
其实以前韩国的"男尊女卑"思想也比较严重。 不过,
Qíshí yǐqián Hánguó de "nán zūn nǚ bēi" sīxiǎng yě bǐjiào yánzhòng. Búguò,

最近随着妇女地位的提高, 韩国重男轻女的现象也有了
zuìjìn suízhe fùnǚ dìwèi de tígāo, Hánguó zhòng nán qīng nǚ de xiànxiàng yě yǒu le

很大转变。据新闻报道，如果只能生一个的话，
hěn dà zhuǎnbiàn. Jù xīnwén bàodào, rúguǒ zhǐ néng shēng yí ge dehuà,

很多年轻夫妻都希望要一个女孩儿。
hěn duō niánqīng fūqī dōu xīwàng yào yí ge nǚháir.

왕홍웨이　以前男女比例很不平衡，一个班里男生多、女生少，
Yǐqián nánnǚ bǐlì hěn bù pínghéng, yí ge bān li nánshēng duō、nǚshēng shǎo,

不过现在没有过去那么严重了。
búguò xiànzài méiyǒu guòqù nàme yánzhòng le.

其实对我和我爱人来说，生男生女真的无所谓。
Qíshí duì wǒ hé wǒ àiren lái shuō, shēng nán shēng nǚ zhēn de wúsuǒwèi.

이동환　不管生男生女，都要用心地去教育、培养。
Bùguǎn shēng nán shēng nǚ, dōu yào yòngxīn de qù jiàoyù、péiyǎng.

这个世界上一半是男人，一半是女人，互相尊重、互相
Zhè ge shìjiè shàng yíbàn shì nánrén, yíbàn shì nǚrén, hùxiāng zūnzhòng、hùxiāng

理解才是最重要的。对了！想过给孩子起什么名字吗？
lǐjiě cái shì zuì zhòngyào de. Duì le! Xiǎng guo gěi háizi qǐ shénme míngzi ma?

왕홍웨이　每当说到起名这个问题，都有点儿头疼，
Měi dāng shuōdào qǐmíng zhè ge wèntí, dōu yǒudiǎnr tóuténg,

因为我和我爱人的意见不一样。我想去起名公司起名字，
yīnwèi wǒ hé wǒ àiren de yìjiàn bù yíyàng. Wǒ xiǎng qù qǐmíng gōngsī qǐ míngzi,

可我爱人想我们两个人给孩子起个好听的名字。
kě wǒ àiren xiǎng wǒmen liǎng ge rén gěi háizi qǐ ge hǎotīng de míngzi.

이동환　名字会伴随人的一生，你们好好商量商量吧。
Míngzi huì bànsuí rén de yìshēng, nǐmen hǎohāo shāngliang shāngliang ba.

名字是父母送给孩子的第一件礼物，也是伴随孩子一生
Míngzi shì fùmǔ sòng gěi háizi de dì yī jiàn lǐwù, yě shì bànsuí háizi yìshēng

的礼物，它的使用时间最长、使用频率最高、对孩子的影响也
de lǐwù, tā de shǐyòng shíjiān zuì cháng, shǐyòng pínlǜ zuì gāo, duì háizi de yǐngxiǎng yě

最为深远。名字好比一个人的着装，适合自己的妆扮会给人
zuìwéi shēnyuǎn. Míngzi hǎobǐ yí ge rén de zhuózhuāng, shìhé zìjǐ de zhuāngbàn huì gěi rén

留下美好的印象。一个好名字不仅代表了父母对孩子深深的
liúxià měihǎo de yìnxiàng. Yí ge hǎo míngzi bùjǐn dàibiǎo le fùmǔ duì háizi shēnshēn de

爱意，表达了父母对孩子美好的愿望和祝福，而且能让孩子
àiyì, biǎodá le fùmǔ duì háizi měihǎo de yuànwàng hé zhùfú, érqiě néng ràng háizi

受益终身。因此，很多父母都请起名公司为自己的子女起一个
shòuyì zhōngshēn. Yīncǐ, hěn duō fùmǔ dōu qǐng qǐmíng gōngsī wèi zìjǐ de zǐnǚ qǐ yí ge

好名字，至于起名的费用则从几百元到上千元不等。
hǎo míngzi, zhìyú qǐmíng de fèiyòng zé cóng jǐ bǎi yuán dào shàng qiān yuán bùděng.

2 의 내용을 바탕으로 대답해 봅시다.

1 为什么说，给孩子起一个好名字非常重要？

2 为什么很多父母都请起名公司为自己的子女起名？

一……比一……

두 '一'의 뒤에 동일한 양사를 넣어서 정도가 점차 심화됨을 나타낸다.

你终于要当爸爸啦! 难怪你最近人一天比一天精神，每天都这么高兴。
Nǐ zhōngyú yào dāng bàba la! Nánguài nǐ zuìjìn rén yì tiān bǐ yì tiān jīngshen, měitiān dōu zhème gāoxìng.

雨一阵比一阵大，我们快走吧。
Yǔ yí zhèn bǐ yí zhèn dà, wǒmen kuài zǒu ba.

'一……比一……'를 활용한 표현을 넣어서 문장을 완성해 보세요.

① 近几年来这儿附近新房屋_____多。

② 他打太极拳以后，身体_____好。
　　tàijíquán 태극권

③ 你的考试成绩怎么_____差，是不是发生了什么事?

对……来说

'~에 대하여 말하자면'이라는 뜻으로 어떤 사람이나 일을 기준으로 판단함을 나타낸다.

对我和我爱人来说，生男生女真的无所谓。
Duì wǒ hé wǒ àiren lái shuō, shēng nán shēng nǚ zhēn de wúsuǒwèi.

对韩国人来说，过年的时候互相拜年是必不可少的活动。
Duì Hánguórén lái shuō, guònián de shíhou hùxiāng bàinián shì bì bù kě shǎo de huódòng.

必不可少 bì bù kě shǎo 없어서는 안 된다

박스 안의 표현 중 알맞은 하나를 넣어 문장을 완성해 보세요.

> 对韩国队来说是非常重要的
> 对我来说，健康最重要
> 对我来说，实在是太难了

① 这场比赛_____。

② 谈恋爱_____。

③ 平时我身体不好，_____。

每

동사구의 앞에 쓰여 동일한 동작이 규칙적으로 반복해서 나타남을 나타낸다. 뒤에는 대개 1음절 동사가 오며 '都' '就' '从' 등과 호응하여 쓰인다.

每当说到起名这个问题，都有点儿头疼。
Měi dāng shuōdào qǐmíng zhè ge wèntí, dōu yǒudiǎnr tóuténg.

每到春节，我都回家乡。
Měi dào Chūn Jié, wǒ dōu huí jiāxiāng.

그림을 보고 '每'를 활용하여 문장을 완성해 보세요.

①  ② ③

_____ ，

主人都会请客人先吃。

这家餐厅服务不错，___ _____ ，

_____ 。 他都送我礼物。

至于……

'~로 말하자면' '~에 있어서는'이라는 뜻으로 화제를 바꿀 때 쓴다. '至于'가 이끄는 개사구는 항상 문장이나 절의 맨 앞에 놓는다.

很多父母都请起名公司为自己的子女起一个好名字，至于起名的费用则从几百元到上千元不等。
Hěn duō fùmǔ dōu qǐng qǐmíng gōngsī wèi zìjǐ de zǐnǚ qǐ yí ge hǎo míngzi, zhìyú qǐmíng de fèiyòng zé cóng jǐ bǎi yuán dào shàng qiān yuán bùděng.

他们离婚了，至于他们为什么离婚，谁也不知道。
Tāmen líhūn le, zhìyú tāmen wèishénme líhūn, shéi yě bù zhīdao.

박스 안의 표현 중 알맞은 하나를 넣어 문장을 완성해 보세요.

> 至于汉语，一点都不会
> 至于我看过的电影有多少
> 至于他们后来是否结婚，我也不清楚

① 我英语说得还可以，_____ 。

② 大学的时候他交了一个女朋友，_____ 。

③ 我很喜欢看电影，_____ ，我也不知道。

🎧 10-05

1 生儿育女

A 你想要几个孩子?
Nǐ xiǎng yào jǐ ge háizi?

B 不论男女，只生一个。
Búlùn nánnǚ, zhǐ shēng yí ge.

★ 바꿔 말하기

| **B** 一男一女 | 多多益善 |
| Yì nán yì nǚ | Duōduō yì shàn |

2 怀孕

A 听说你爱人怀孕了，几个月了?
Tīngshuō nǐ àiren huáiyùn le, jǐ ge yuè le?

B 刚一个月，最近孕吐很厉害。
Gāng yí ge yuè, zuìjìn yùntù hěn lìhai.

★ 바꿔 말하기

| **B** 已经七个月了，行动很不方便 | 下个月就生了 |
| Yǐjīng qī ge yuè le, xíngdòng hěn bù fāngbiàn | Xià ge yuè jiù shēng le |

3 子女起名

A 你想给孩子起什么样的名字?
Nǐ xiǎng gěi háizi qǐ shénmeyàng de míngzi?

B 我想给孩子起一个又好听又好叫的名字。
Wǒ xiǎng gěi háizi qǐ yí ge yòu hǎotīng yòu hǎo jiào de míngzi.

★ 바꿔 말하기

| **B** 给孩子起一个韩语固有语的名字 | 让孩子的爷爷给孩子起名字 |
| gěi háizi qǐ yí ge Hányǔ gùyǒuyǔ de míngzi | ràng háizi de yéye gěi háizi qǐ míngzi |

 단어

生儿育女 shēng ér yù nǚ 아들딸을 낳아 기르다 | 多多益善 duōduō yì shàn 다다익선이다, 많으면 많을수록 좋다 | 孕吐 yùntù
입덧 | 行动 xíngdòng 행동, 거동 | 固有语 gùyǒuyǔ 고유어

听和说 🎧 10-06

1 请根据录音内容，回答下列问题。

① 是谁给我起的名字？ _____

② 我的名字中为什么有"春"字？ _____

③ 我的名字中为什么有"东"字？ _____

④ 我的名字含有哪些意义？ _____

2 请利用下列词语，简单地说明录音的内容。

> 生长　季节　方向

_____

_____

3 请你和同桌谈一谈你的名字有什么含义。

写和说

1 请利用下列生词造句，并大声朗读。

① 难怪　→ _____

② 无所谓　→ _____

③ 不仅……而且……　→ _____

读和说

1 请阅读下面的短文，并选择恰当的句子填空。

> 　　我怀孕快两个月了。从怀孕的第一个月起，我除了酸的和辣的，什么都吃不进去。最近孕吐越来越严重，饭连看都不敢看，因为受不了冰箱里的气味，___①___，所以我一下子就瘦了3公斤。老公很担心，每次下班回家，都买来不同的食品让我品尝，___②___。昨天，我回了娘家，吃到了妈妈给我做的饭菜，虽然都是以前在家常吃的家常便饭，___③___。看我吃得这么香，老公很高兴，让我常回娘家吃饭。
>
> 气味 qìwèi 냄새 | 娘家 niángjiā 친정 | 家常便饭 jiācháng biànfàn 평소 집에서 먹는 밥

ⓐ 可我什么也吃不下

ⓑ 但我吃得一干二净
　　　　yì gān èr jīng 깨끗이

ⓒ 冰箱也不敢开

2 请说一说，上文中的"我"怀孕后有什么变化?

_____

_____

想和说

1 请根据下面的漫画内容，与同桌进行对话。

_____

_____

중국 역사의 유일한 여황제, 무측천

무측천(武则天, Wǔ Zétiān)은 남성 위주의 봉건왕조 사회에서 여성의 몸으로 일개 후궁에서 황후로, 다시 황제로 등극한 중국 역사 중의 유일한 여황제다.

그녀는 부친의 사망으로 어려서부터 모친과 함께 힘겨운 생활을 했지만, 모친의 영향으로 경전과 문학 서적을 탐독하며 그 방면에 재능을 발휘했다. 14세 때 정5품으로 태종의 후궁 생활을 시작했다가 태종의 아들이었던 고종과 교분을 갖는다. 태종의 사망 후 비구니가 되었다가 고종의 부름을 받고 환궁하고, 그 후 고종의 관심을 독차지한다. 여러 모략을 세워 황제로 하여금 황후를 폐하고 유배하게 만들며 마침내 자신은 황후로 책봉된다. 그 후 그녀는 자신의 아들을 황태자로 책봉시키며 권력을 확장해 간다. 고종이 죽은 후 즉위한 중종을 폐위하고 예종을 옹립하여 측천은 수렴청정(垂帘听政)으로 모든 정사를 주도하면서 황제가 되려는 야심을 키워간다. 그리고 마침내는 반대파를 제거하고 정적을 제압한 후 예종과 문무 대신의 추대 형식으로 황제에 오른다.

그녀는 독단적이었고 공포 정치를 시행했지만 경제, 군사, 외교적 측면에서는 나름대로의 공적이 적지 않다. 국호를 바꾸고 천도까지 했던 측천은 즉위한지 8년만에 병석에 눕게 되면서 실권한다. 그 후 중종이 복위되고 국호도 당으로 복원되었다.

중국 역사는 가장 잔인하고 교만했다고 그녀를 폄하하기도 하지만, 남성 위주의 권력에 도전하여 그 뜻을 펼친 비범한 여인이라고 평가하기도 한다.

중국 역사 중 유일한 여황제 무측천 상(像)

11

中国男人比
韩国男人多做
不少家务。

중국 남자들은 한국 남자들보다
집안일을 많이 해요.

이 과의 학습 목표

1
한중 남녀의 역할과
관련된 표현

2
'형용사+동사+비교
수량' 구문 표현

3
'再……也……'
구문 표현

- 手艺 shǒuyì 몡 솜씨, 손재주
- 亲自 qīnzì 튀 몸소, 직접
- 下厨 xiàchú 동 (주방에 가서) 음식을 만들다
- 家务 jiāwù 몡 가사, 집안일
- 消失 xiāoshī 동 사라지다, 없어지다
- 女性 nǚxìng 몡 여성, 여자
- 来源 láiyuán 몡 내원, 근원
- 随之升高 suí zhī shēnggāo
  그에 따라 상승하다
- 主导 zhǔdǎo 톙 주도적인
- 认同 rèntóng 몡 인정, 공감
- 分担 fēndān 동 분담하다, 나누어 맡다
- 矛盾 máodùn 몡 문제, 갈등
- 一来 yīlái 젭 첫째로는
- 岗位 gǎngwèi 몡 직위, 자리
- 占据 zhànjù 동 차지하다, 점유하다
- 举足轻重 jǔ zú qīngzhòng
  중요한 지위에서 중대한 영향을 끼치다
- 白天 báitiān 몡 낮
- 幼儿园 yòu'éryuán 몡 유치원, 유아원
- 照看 zhàokàn 동 돌보아 주다, 보살피다
- 家长 jiāzhǎng 몡 학부모
- 宁可 nìngkě 젭 오히려 ~할지언정
- 私立 sīlì 톙 사립의

- 趁热 chènrè 튀 뜨거울 때를 이용하여
- 生长 shēngzhǎng 동 성장하다, 나서 자라다
- 保守 bǎoshǒu 톙 보수적이다
- 大男子主义 dà nánzǐ zhǔyì
  남성 우월주의
- 推移 tuīyí 동 (시간, 기풍 등이) 변화하다
- 根本性 gēnběnxìng 톙 근본적인
- 妻子 qīzi 몡 아내
- 承担 chéngdān 동 맡다, 담당하다
- 报名 bàomíng 동 신청하다, 등록하다
- 烹饪 pēngrèn 몡 요리, 조리
- 感慨 gǎnkǎi 톙 감개무량하다

리듬을 만나다

제1강세, 제2강세, 띄어 읽기로 리듬을 느끼며 다음 문장을 익혀 보세요. 🎧 11-02

①

随着 // 女性就业率的 / 不断提高，
Suízhe nǚxìng jiùyèlǜ de búduàn tígāo,

妇女 // 有了自己的 / 经济来源，
fùnǚ yǒu le zìjǐ de jīngjì láiyuán,

在社会中的地位 // 也随之升高。
zài shèhuì zhōng de dìwèi yě suí zhī shēnggāo.

여성의 취업률이 계속해서 상승함에 따라 여자들은 자신의 경제적 근거가 생기게 되어 사회에서의 지위도 그에 따라 상승했어요.

②

有些家长 // 为了 / 让自己的孩子 // 接受 / 更好的教育，
Yǒuxiē jiāzhǎng wèile ràng zìjǐ de háizi jiēshòu gèng hǎo de jiàoyù,

宁可 / 花很多钱，
nìngkě huā hěn duō qián,

也要 / 送孩子 / 上私立幼儿园。
yě yào sòng háizi shàng sīlì yòu'éryuán.

어떤 부모들은 자신의 아이에게 더 좋은 교육을 시키기 위해서, 많은 돈을 쓰더라도 아이를 사립 유치원에 보내고 싶어해요.

③

随着 / 时间的推移，
Suízhe shíjiān de tuīyí,

他对 / "男女平等" / 问题的看法 // 发生了 / 根本性的改变。
tā duì "nánnǚ píngděng" wèntí de kànfǎ fāshēng le gēnběnxìng de gǎibiàn.

시간이 지남에 따라 그의 '남녀평등' 문제에 대한 관점에도 근본적인 변화가 생겼다.

1 .... 🎧 11-03

왕홍웨이 **今天可要好好儿尝尝我的手艺呀!**
Jīntiān kě yào hǎohāor chángchang wǒ de shǒuyì ya!

你们俩先聊着，饭马上就好。
Nǐmen liǎ xiān liáo zhe, fàn mǎshàng jiù hǎo.

이동환 **王先生亲自下厨? 平时也是王先生做饭吗?**
Wáng xiānsheng qīnzì xiàchú? Píngshí yě shì Wáng xiānsheng zuòfàn ma?

마링 **平时当然是一起做啦。但因为我爱人手艺比我好，**
Píngshí dāngrán shì yìqǐ zuò la. Dàn yīnwèi wǒ àiren shǒuyì bǐ wǒ hǎo,

所以家里来客人的时候都是他亲自下厨。
suǒyǐ jiā li lái kèrén de shíhou dōu shì tā qīnzì xiàchú.

이동환 **我觉得中国男人比韩国男人多做不少家务，**
Wǒ juéde Zhōngguó nánrén bǐ Hánguó nánrén duō zuò bùshǎo jiāwù,

中国妇女在家庭中的地位也比较高。
Zhōngguó fùnǚ zài jiātíng zhōng de dìwèi yě bǐjiào gāo.

마링 **现在中国"重男轻女"的现象几乎已经消失了，**
Xiànzài Zhōngguó "zhòng nán qīng nǚ" de xiànxiàng jīhū yǐjīng xiāoshī le,

而且随着女性就业率的不断提高，妇女有了自己的
érqiě suízhe nǚxìng jiùyèlǜ de búduàn tígāo, fùnǚ yǒu le zìjǐ de

经济来源，在社会中的地位也随之升高。
jīngjì láiyuán, zài shèhuì zhōng de dìwèi yě suí zhī shēnggāo.

现在的男性们再怎么强调自己的主导地位，
Xiànzài de nánxìngmen zài zěnme qiángdiào zìjǐ de zhǔdǎo dìwèi,

恐怕也很难得到社会的认同。
kǒngpà yě hěn nán dédào shèhuì de rèntóng.

이동환 **你们夫妻都工作，那平时的家务是怎么分担的呢?**
Nǐmen fūqī dōu gōngzuò, nà píngshí de jiāwù shì zěnme fēndān de ne?

마링 **我们有家务一起干，否则很容易引起家庭矛盾。**
Wǒmen yǒu jiāwù yìqǐ gàn, fǒuzé hěn róngyì yǐnqǐ jiātíng máodùn.

이동환 **在韩国，以前职业女性不仅要做家务，还要教育孩子。**
Zài Hánguó, yǐqián zhíyè nǚxìng bùjǐn yào zuò jiāwù, hái yào jiàoyù háizi.

不过在年轻人之间也发生了很大的变化，
Búguò zài niánqīngrén zhījiān yě fāshēng le hěn dà de biànhuà,

现在都是夫妻一起做家务了。
xiànzài dōu shì fūqī yìqǐ zuò jiāwù le.

마링　看来，韩国妇女的社会地位也有了很大的变化？
Kànlái, Hánguó fùnǚ de shèhuì dìwèi yě yǒu le hěn dà de biànhuà?

이동환　是的。一来，大多女性都参加工作；二来，很多职业
Shì de. Yīlái, hěn duō nǚxìng dōu cānjiā gōngzuò; èrlái, hěn duō zhíyè

女性在自己的工作岗位上占据着举足轻重的地位。
nǚxìng zài zìjǐ de gōngzuò gǎngwèi shàng zhànjù zhe jǔ zú qīngzhòng de dìwèi.

마링　那孩子谁来照顾呢？
Nà háizi shéi lái zhàogù ne?

이동환　韩国的父母白天会把自己的孩子送到幼儿园，中国呢？
Hánguó de fùmǔ báitiān huì bǎ zìjǐ de háizi sòng dào yòu'éryuán, Zhōngguó ne?

마링　在中国，孩子特别小的时候，祖父母帮忙照看孙子、
Zài Zhōngguó, háizi tèbié xiǎo de shíhou, zǔfùmǔ bāngmáng zhàokàn sūnzi、

孙女的不少。等孩子大一点儿了，会把孩子送到
sūnnǚ de bùshǎo. Děng háizi dà yìdiǎnr le, huì bǎ háizi sòng dào

幼儿园。有些家长为了让自己的孩子接受更好的教育，
yòu'éryuán. Yǒuxiē jiāzhǎng wèile ràng zìjǐ de háizi jiēshòu gèng hǎo de jiàoyù,

宁可花很多钱，也要送孩子上私立幼儿园。
nìngkě huā hěn duō qián, yě yào sòng háizi shàng sīlì yòu'éryuán.

왕훙웨이　你们聊得还挺热闹！菜都做好了，快趁热尝尝吧。
Nǐmen liáo de hái tǐng rènao! Cài dōu zuò hǎo le, kuài chèn rè chángchang ba.

李东焕来中国一年了，差不多已经适应这儿的生活了。
Lǐ Dōnghuàn lái Zhōngguó yì nián le, chàbuduō yǐjīng shìyìng zhèr de shēnghuó le.

因为他从小生长在一个非常保守的家庭，所以李东焕有点儿
Yīnwèi tā cóngxiǎo shēngzhǎng zài yí ge fēicháng bǎoshǒu de jiātíng, suǒyǐ Lǐ Dōnghuàn yǒudiǎnr

"大男子主义"。他刚到中国的时候，看到很多中国男人一下班
"dà nánzǐ zhǔyì". Tā gāng dào Zhōngguó de shíhou, kàn dào hěn duō Zhōngguó nánrén yí xiàbān

就回家做饭，觉得很不适应。但随着时间的推移，他对"男女
jiù huíjiā zuòfàn, juéde hěn bú shìyìng. Dàn suízhe shíjiān de tuīyí, tā duì "nánnǚ

平等"问题的看法发生了根本性的改变。最近听说李东焕为了
píngděng" wèntí de kànfǎ fāshēng le gēnběnxìng de gǎibiàn. Zuìjìn, tīngshuō Lǐ Dōnghuàn wèile

婚后与妻子一起承担家务，还报名参加了烹饪学习班。听到
hūn hòu yǔ qīzi yìqǐ chéngdān jiāwù, hái bàomíng cānjiā le pēngrèn xuéxí bān. Tīng dào

这个消息后，朋友们感慨地说："环境真的可以改变一个人哪！"
zhè ge xiāoxi hòu, péngyoumen gǎnkǎi de shuō: "huánjìng zhēn de kěyǐ gǎibiàn yí ge rén na!"

2 의 내용을 바탕으로 대답해 봅시다.

1 李东焕刚来中国的时候，常常抱怨什么？

2 李东焕来中国以后有什么变化？

多+동사+비교 수량

동사 앞과 뒤에 각각 '多'와 수량구가 오면 비교의 의미로서 '~만큼 더 ~한다'라는 뜻을 나타낸다. 이러한 구조에서 쓰일 수 있는 형용사로 '多' 외에 '少' '早' '晚' '快' '慢' 등이 있다.

我觉得中国男人比韩国男人多做不少家务。
Wǒ juéde Zhōngguó nánrén bǐ Hánguó nánrén duō zuò bùshǎo jiāwù.

你得快跑几步，才能追得上他。
Nǐ děi kuài pǎo jǐ bù, cái néng zhuī de shàng tā.

'형용사+동사+비교 수량'을 활용하여 다음 문장의 내용을 정리해 보세요.

① 你喝了五杯，他喝了三杯。

→ 你比他_____。

② 我三点就到了，可你四点才到。

→ 我比你_____。

③ 我买了八本杂志，他买了五本杂志。
    zázhì 잡지

→ 我比他_____。

再……也……

조건을 나타내는 앞절에 '再'를 사용하고 뒷절에 '也'를 사용하여 '설령 더 ~한다 할지라도 ~하다'라는 뜻을 나타낸다.

现在的男性们再怎么强调自己的主导地位，恐怕也很难得到社会的认同。
Xiànzài de nánxìngmen zài zěnme qiángdiào zìjǐ de zhǔdǎo dìwèi, kǒngpà yě hěn nán dédào shèhuì de rèntóng.

你再怎么劝，他也不会听的。
Nǐ zài zěnme quàn, tā yě bú huì tīng de.

劝 quàn 권하다, 설득하다

'再……也……'를 활용하여 같은 뜻의 문장으로 바꾸어 보세요.

① 你不用再解释了，他们不会懂的。→ _____
    jiěshì 설명하다

② 票已经卖光了，你有钱，也买不到票。→ _____

③ 我已经很努力了，但我恐怕还是考不上大学。→ _____

否则……

'否则……'는 두 번째 절에 쓰여 앞절이 나타내는 상황이 아닐 경우 발생하게 될 결과를 나타낸다.

我们有家务一起干，否则很容易引起家庭矛盾。
Wǒmen yǒu jiāwù yìqǐ gàn, fǒuzé hěn róngyì yǐnqǐ jiātíng máodùn.

要看那场表演，你最好在网上订票，否则要排很长时间的队。
Yào kàn nà chǎng biǎoyǎn, nǐ zuìhǎo zài wǎngshàng dìngpiào, fǒuzé yào pái hěn cháng shíjiān de duì.

그림을 보고 '否则……'를 활용하여 문장을 완성해 보세요.

①

你早点回家，_____

_____。

②

你快一点儿出发，_____

_____。

③

听说今天有雨，你得带伞，

_____。

一来……，二来……

'一来' '二来'를 병렬된 두 절의 앞에 각각 부가하여 원인이나 목적을 나열할 수 있다. 이 병렬된 절은 다른 절의 뒤에 오기도 한다.

一来，大多女性都参加工作；二来，很多职业女性在自己的工作岗位上占据着举足轻重的地位。
Yīlái, dàduō nǚxìng dōu cānjiā gōngzuò; èrlái, hěn duō zhíyè nǚxìng zài zìjǐ de gōngzuò gǎngwèi shàng zhànjù zhe jǔ zú qīngzhòng de dìwèi.

他每天放学后，都会去打工。一来是为了挣点儿钱，二来是为了开阔眼界。
Tā měitiān fàngxué hòu, dōu huì qù dǎgōng. Yīlái shì wèile zhèng diǎnr qián, èrlái shì wèile kāikuò yǎnjiè.

'一来……，二来……'를 활용하여 같은 뜻의 문장으로 바꾸어 보세요.

① 大家都走不动了，因为天气很热，而且大家都没吃早饭。

→ _____

② 他今天特别高兴，因为今天是他的生日，而且他找到了工作。

→ _____

③ 因为今天是星期天，而且时间太早，所以路上人很少。

→ _____

142

1 分担家务

A 你觉得夫妻俩应该怎样分担家务?
Nǐ juéde fūqī liǎ yīnggāi zěnyàng fēndān jiāwù?

B 男主外，女主内。
Nán zhǔ wài, nǚ zhǔ nèi.

★ 바꿔 말하기

B 因为两个人都工作，所以家务
应该一起做
Yīnwèi liǎng ge rén dōu gōngzuò, suǒyǐ
jiāwù yīnggāi yìqǐ zuò

如果女的工作，男的在家的话，
男的应该承担更多的家务
Rúguǒ nǚde gōngzuò, nánde zài jiā dehuà,
nánde yīnggāi chéngdān gèng duō de jiāwù

2 妇女地位

A 你觉得韩国妇女的地位怎么样?
Nǐ juéde Hánguó fùnǚ de dìwèi zěnmeyàng?

B 比以前有了很大的提高。
Bǐ yǐqián yǒu le hěn dà de tígāo.

★ 바꿔 말하기

B 韩国仍存在很强的大男子主义
Hánguó réng cúnzài hěn qiáng de dà nánzǐ zhǔyì

和男的差不多
Hé nánde chàbuduō

3 男女平等

A 你觉得什么是男女平等?
Nǐ juéde shénme shì nánnǚ píngděng?

B 男女各尽其职，就是男女平等。
Nánnǚ gè jìn qí zhí, jiùshì nánnǚ píngděng.

★ 바꿔 말하기

B 男女互相尊重
Nánnǚ hùxiāng zūnzhòng

男女机会平等
Nánnǚ jīhuì píngděng

단어
各尽其职 gè jìn qí zhí 각자 맡은 바 업무를 완수하다

11 中国男人比韩国男人多做不少家务。 **143**

听和说 🎧 11-06

1 请根据录音内容，回答下列问题。

　　① 民珠到东浩家玩儿，为什么大吃一惊？ _____

　　② 东浩的妻子跟谁学做韩国菜？ _____

　　③ 以前东浩的妻子对韩国男人有哪些偏见？ _____

　　④ 东浩的妻子认为她丈夫是一个怎样的男人？ _____

2 请利用下列词语，简单地说明录音的内容。

> 下厨　大男子主义　刚中有柔

_____

_____

3 请你谈一谈对于男女共同承担家务的看法。

写和说

1 请利用下列生词造句，并大声朗读。

　　① 再……也……　　→ _____

　　② 否则……　　→ _____

　　③ 一来……，二来……　　→ _____

读和说

1 请阅读下面的短文，并选择恰当的句子填空。

> 　　李明今天心情特别好。因为___①___，他请了五天假，要和妻子一起去国外旅行。为了这次旅行他们整整筹备了一年。为了决定旅行的地点，___②___。因为妻子很喜欢看韩剧，___③___，所以他们最后决定去韩国旅行。
>
> 整整 zhěngzhěng 온전히, 꼬박 | 韩剧 hánjù 한국드라마

ⓐ 他们也进行了多次商量

ⓑ 明天是他结婚一周年的日子

ⓒ 非常想去看一看韩剧中出现过的景点
                      jǐngdiǎn 명소

2   请参考上面的短文，并利用下列生词，谈一谈你的旅行计划。

> 中国　美国　法国　越南　日本

_____

_____

想和说

1   请根据下面的漫画内容，与同桌进行对话。

_____

_____

중국 여성 억압의 상징, 전족

중국에는 20세기 초반까지 전족(纏足, chánzú)이라는 풍습이 있었다. 전족이란 여성의 발을 기형으로 만들어 평생을 고통 속에 살게 하는 것이다. 전족은 대개 여자아이가 4, 5세 될 무렵부터 시작하는데, 엄지발가락을 제외한 네 발가락 뼈를 부러뜨려서 발바닥 쪽으로 구부리고 흰색 천으로 꽉 묶어 발가락이 더 이상 자라지 못하게 한 후에 반년이 지나면 발등을 뒤꿈치 쪽으로 굽게 만드는 것이다. 전족을 행할 때는 중국 각지에서 여자아이들의 비명소리와 울음소리가 끊이지 않았다고 한다. 이렇게 해서 발의 모양이 고정되면 엄지발가락으로만 걷고 끝이 뾰족한 신발을 신는다.

전족을 한 발의 길이는 10cm 내외이다. 이렇게 세 치 크기의 작은 발은 연꽃을 연상시킨다고 하여 전족한 여성의 발을 '三寸金蓮(sān cùn jīnlián)'이라고도 한다. 전족을 한 여성은 평생 이러한 고통을 감수해야 했으며, 전족을 하지 않은 여성은 결혼을 하기도 쉽지 않았다.

전족이 성행한 이유는 작고 가냘픈 발모양과 뒤뚱거리는 걸음걸이를 선호하는 남성들의 기이한 취향 때문이었다. 또한 여성들이 불편한 걸음걸이로 문밖 출입을 잘 하지 못하게 하려는 의도로도 전족은 성행하게 되었다.

이러한 풍습은 오대십국(五代十国) 시기에 남당(南唐)의 궁녀가 흰 비단으로 발을 감싸고 초승달 모양으로 끝을 구부려 금 연꽃 안에서 춤을 추었는데 그 모습이 가냘프고 아름다워서 그것을 흉내 내기 시작하면서 유래했다고 한다. 처음에는 후궁이나 무희에게만 국한되다가 차츰 민간까지 전족의 풍습이 유행하게 되었다. 청대(淸代)에 이르러 원래 전족의 풍습이 없었던 만주족은 한때 전족 금지령을 내리기도 했으나, 결국은 만주족도 이러한 풍습을 따르게 되었다. 봉건시대 여성을 억압한 대표적인 악습인 전족은 20세기 신해혁명(辛亥革命) 이후에야 사라지게 되었다.

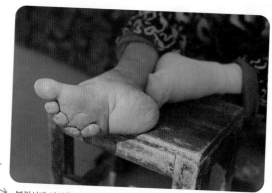

봉건시대 여성을 억압한 대표적인 악습인 전족

12

복습 II

① 성형수술

1 听说很多人都做过整容手术，是真的吗？

Tīngshuō hěn duō rén dōu zuò guo zhěngróng shǒushù, shì zhēn de ma?

2 "美"并不在于一个人的外貌，而在于一个人的内心。

"Měi" bìng bú zàiyú yí ge rén de wàimào, ér zàiyú yí ge rén de nèixīn.

3 有些人只重视外表，每天长打扮短打扮的，却很少注重内心的修养。

Yǒuxiē rén zhǐ zhòngshì wàibiǎo, měitiān cháng dǎban duǎn dǎban de, què hěn shǎo zhùzhòng nèixīn de xiūyǎng.

4 你这么漂亮，莫非也做整容了？

Nǐ zhème piàoliang, mòfēi yě zuò zhěngróng le?

5 她从一名书生气十足的学生变成了一位温文尔雅的少女。

Tā cóng yì míng shūshēngqì shízú de xuésheng biànchéng le yí wèi wēnwén ěryǎ de shàonǚ.

② 결혼 준비

1 听说你正在准备结婚，够忙的吧？

Tīngshuo nǐ zhèngzài zhǔnbèi jiéhūn, gòu máng de ba?

2 电视、冰箱、洗衣机这"三大件"都买齐了？

Diànshì, bīngxiāng, xǐyījī zhè "sāndàjiàn" dōu mǎi qí le?

3 随着中国经济的发展，三大件有了这么大的变化。

Suízhe Zhōngguó jīngjì de fāzhǎn, sāndàjiàn yǒu le zhème dà de biànhuà.

4 结婚那天少不了彩车、酒席和摄像。

Jiéhūn nàtiān shǎobuliǎo cǎichē、 jiǔxí hé shèxiàng.

5 今天我和马玲约好一起商量蜜月旅行的地点。

Jīntiān wǒ hé Mǎ Líng yuē hǎo yìqǐ shāngliang mìyuè lǚxíng de dìdiǎn.

③ 결혼 풍습

1 那还用说，好朋友的婚礼我怎么能不参加？

Nà hái yòng shuō, hǎo péngyou de hūnlǐ wǒ zěnme néng bù cānjiā?

2 听说结婚当天，新郎一大早就要去新娘家接新娘，是吗？

Tīngshuō jiéhūn dàngtiān, xīnláng yídàzǎo jiù yào qù xīnniáng jiā jiē xīnniáng, shì ma?

3 新娘一大早就要梳洗打扮，还要和亲戚朋友一起准备迎接新郎的到来。

Xīnniáng yídàzǎo jiù yào shūxǐ dǎban, hái yào hé qīnqi péngyou yìqǐ zhǔnbèi yíngjiē xīnláng de dàolái.

4 新娘家不仅要给新郎的好友红包，还要给他们做可口的饭菜。

Xīnniáng jiā bùjǐn yào gěi xīnláng de hǎoyǒu hóngbāo, hái yào gěi tāmen zuò kěkǒu de fàncài.

5 经过三年的交往，昨天俩人终于走进了结婚的殿堂。

Jīngguò sān nián de jiāowǎng, zuótiān liǎ rén zhōngyú zǒujìn le jiéhūn de diàntáng.

④ 자녀 계획

1 现在不是流行"生男好听，生女好命"这么一句话嘛!

Xiànzài bú shì liúxíng "shēng nán hǎotīng, shēng nǚ hǎomìng" zhème yí jù huà ma!

2 我希望有一个长得像我爱人一样的女儿。

Wǒ xīwàng yǒu yí ge zhǎng de xiàng wǒ àiren yíyàng de nǚ'ér.

3 "传宗接代"、"养儿防老"是中国几千年的传统思想。

"Chuánzōng jiēdài"、"yǎng'ér fánglǎo" shì Zhōngguó jǐ qiān nián de chuántǒng sīxiǎng.

4 如果只能生一个的话，很多年轻夫妻都希望要一个女孩儿。

Rúguǒ zhǐ néng shēng yí ge dehuà, hěn duō niánqīng fūqī dōu xīwàng yào yí ge nǚháir.

5 以前男女比例很不平衡，不过现在没有过去那么严重了。

Yǐqián nánnǚ bǐlì hěn bù pínghéng, búguò xiànzài méiyǒu guòqù nàme yánzhòng le.

⑤ 남녀 역할

1 家里来客人的时候都是由我爱人亲自下厨。

Jiā li lái kèrén de shíhou dōu shì yóu wǒ àiren qīnzì xiàchú.

2 现在中国"重男轻女"的现象几乎已经消失了。

Xiànzài Zhōngguó "zhòng nán qīng nǚ" de xiànxiàng jīhū yǐjīng xiāoshī le.

3 你们夫妻都工作，那平时的家务是怎么分担的呢?

Nǐmen fūqī dōu gōngzuò, nà píngshí de jiāwù shì zěnme fēndān de ne?

4 在韩国，以前职业女性不仅要做家务，还要教育孩子。

Zài Hánguó, yǐqián zhíyè nǚxìng bùjǐn yào zuò jiāwù, hái yào jiàoyù háizi.

5 很多职业女性在自己的工作岗位上占据着举足轻重的地位。

Hěn duō zhíyè nǚxìng zài zìjǐ de gōngzuò gǎngwèi shàng zhànjù zhe jǔ zú qīngzhòng de dìwèi.

다음 장면을 중국어로 표현해 보세요.

1

참고단어 : 结婚

2

참고단어 : 一见钟情

3

참고단어 : 女儿

4

참고단어 : 打扫

1 주어진 표현을 사용하여 대화를 완성해 보세요.

❶ A: 你这么漂亮，莫非也做整容了？

B: _____ (从来)

❷ A: 你来韩国多久了？

B: _____ (……多)

❸ A: 他不听我的话，你劝劝他吧。

B: _____ (再……也……)

❹ A: 婚礼的日子为什么订在国庆节呢？

B: _____ (趁……)

❺ A: 冬天快要到了，那儿的天气怎么样？

B: _____ (一天比一天)

2 단문을 읽고 괄호 안의 단어가 들어갈 곳을 찾아 보세요.

❶ 马玲做了近视眼手术后终于摘下了她戴了十年的眼镜，____ⓐ____眼镜给人带来的沉重感没有了，____ⓑ____可民珠却觉得马玲有些陌生，____ⓒ____眨眼间马玲从一名书生气十足的学生变成了一位温文尔雅的少女。(因为)

❷ 她爱人是一家大公司里年轻有为的工程师。____ⓐ____虽然公公家的房子很大，但是他们不想依赖父母，____ⓑ____通过长期房贷，____ⓒ____在公公家附近购买了一所小公寓，自己单过。现在在中国出现了很多像马玲家这样的核心家庭，而传统的"四世同堂"大家庭已不多见。(所以)

3 어순을 바르게 배열하여 문장을 완성해 보세요.

❶ 听说 / 我 / 都 / 很多人 / 整容手术 / 做过

_____

❷ 比那个 / 这个 / 一百块钱 / 便宜

_____

❸ 多 / 应该 / 比我 / 你 / 喝点儿

_____

❹ 不要 / 把 / 都 / 你 / 到自己身上 / 放 / 买房的责任

_____

❺ 能 / 我 / 每个人 / 都 / 回来 / 早点儿 / 希望

_____

4 다음 각 글에는 틀린 곳이 세 군데씩 있습니다. 찾아서 바르게 고쳐 보세요.

❶ 名字是父母送给孩子的第一件礼物，也是伴随孩子一生的礼物，它的使用时间最长、使用频率最高、向孩子的影响也最为深远。名字好比一个人的着装，合适自己的妆扮会给人留下美好的印象。一个好名字不仅代表了父母对孩子深深的爱意，表达了父母对孩子美好的愿望和祝福，又能让孩子受益终身。

❷ 九十年代，电话、空调和电脑开始了走进人们的生活。二十一世纪初，人们的生活出现飞跃，汽车、房子和存折变成必不可少。虽然结婚与否不在于金钱的多少，但越来越多的青年开始由物质所迷惑。

중국의 큐피드, 월하노인

서양에서는 사랑의 신 큐피드의 화살을 맞으면 남녀가 사랑에 빠지게 된다고 한다. 그렇다면 중국에서 남녀 간의 사랑을 맺어 주는 신은 누구일까? 바로 월하노인(月下老人, yuèxià lǎorén)이다. 큐피드는 날개를 달고 활과 화살을 든 장난기 많은 아이의 형상을 하고 있지만, 월하노인은 달빛 아래 빨간 끈이 담긴 자루에 기대어 혼인명부를 뒤적이고 있는 나이든 남자의 모습이다.

월하노인의 혼인명부에는 부부의 인연으로 맺어질 남녀의 명단이 있는데 여기에 적힌 남녀의 발을 월하노인이 빨간 끈으로 묶으면 설령 원수지간이라도 결국 부부의 인연을 맺게 되며 죽음으로도 끊을 수 없다고 한다. 중국에는 곳곳에 월하노인을 모신 사당이 있는데, 이곳은 애인이 생기길 기원하는 남녀나 사랑의 결실을 기원하는 연인들의 장소가 되고 있다.

월하노인과 관련해서는 다음과 같은 전설이 전해 온다. 당(唐) 태종(太宗) 때 위고(韦固, Wéi Gù)라는 청년이 어느 날 송청(宋城, Sòngchéng)이라는 곳에 묵게 되었다. 그날 달빛 아래 길을 나섰다가 한 노인이 자루에 기대어 앉아 커다란 책을 뒤적이고 있는 모습을 보게 되었다. 위고가 무슨 책을 보는지 묻자 노인이 말했다. "이것은 세상 혼사에 관한 책인데 여기 적혀 있는 남녀를 이 자루 안에 있는 빨간 끈으로 묶어 놓으면 아무리 원수지간이라도 반드시 맺어진다오." 위고가 자신의 짝은 어디에 있는지 묻자 그 노인은 송청 북쪽의 채소 파는 노파가 안고 있는 여자아이가 그의 배필이라고 말했다. 위고가 찾아가 보니 남루한 옷의 장님 노파가 여자아이를 안고 있었다. 실망한 위고는 사람을 시켜 그 여자아이를 죽이라고 했다. 그 후 14년이 지나 위고는 샹저우(相州, Xiāngzhōu)의 관리가되어 그 고을 태수의 딸과 결혼했다. 태수의 딸은 아름다웠으나 이마에 칼자국이 있어서 그 이유를 묻자 어렸을 때 장님 유모가 자신을 안고 채소를 팔고 있을 때 어떤 미친 사람이 휘두른 칼에 베었다고 했다. 그녀는 사실 자신은 태수의 친딸이 아니라 양녀라고 했다. 그 후로 사람들은 이름 모를 이 노인을 월하노인이라고 부르고 혼인을 관장하는 신선이라고 믿게 되었다고 한다.

빨간 끈을 쥐고 있는 월하노인 상(像)

부록

- ◆ 본문 해석
- ◆ 모범 답안 및 녹음 대본
- ◆ 단어 색인

본문 해석

01 저는 새로 온 인턴사원입니다.

회화 내 입에서 춤추다

1

우더화 새로 온 분 같네요? 제가 도와드릴까요?

장민주 그럼 정말 감사하죠. 저는 새로 온 인턴사원인데, 오늘 첫 출근이라서 복사기를 어떻게 사용해야 하는지 모르겠어요.

우더화 간단해요. 제가 가르쳐 드릴게요. 우선 전원을 켜서 예열을 하세요. 예열 후에 복사할 수 있다는 신호가 나올 거예요. 그런 후에 표시에 따라 복사를 하시면 돼.

장민주 아, 그렇군요. 그런데 복사기에 왜 붉은색 신호가 나타나죠?

우더화 이것은 종이함 표시인데 붉은색 신호가 나타나는 것은 아마도 종이가 모자라서일 거예요. 옆에 있는 것은 종이걸림 위치 표시등인데 여기에 붉은색 신호가 나타나면 '종이걸림' 현상이 나타났다는 뜻이지요. 이때는 함부로 기계를 열지 말고 기계 옆에 걸려 있는 설명서대로 조작해야 해요.

장민주 덕분에 출근하자마자 이렇게 많은 걸 배웠네요. 정말 고맙습니다. 저는 장민주라고 합니다. 오늘부터 여기에서 인턴으로 근무하는데 인턴 기간은 1년이에요. 앞으로 많이 지도해 주세요.

우더화 저는 총무처의 우더화라고 해요. 우리 회사의 일원이 되신 걸 환영합니다.

장민주 아, 총무처에 근무하세요? 그러면 총무처의 류둥춘 처장님을 아시겠네요? 저는 바로 류 처장님의 소개로 이 회사에 인턴으로 오게 된 겁니다.

우더화 아, 당신이 바로 류 처장님이 말씀하신 그 인턴사원이군요. 중국어, 일본어, 한국어 모두 잘하고 성격도 활발하고 명랑하다고 들었어요. 류 처장님이 저희 앞에서 여러 번 칭찬하셨어요.

장민주 뭘요. 저는 한국인이니까 한국어는 당연히 잘하고 제 대학 전공이 중국어니까 중국어도 문제가 안 되죠. 일본어는 제 부전공이에요. 그래서 일본어도 비교적 유창하게 하는 편이에요.

우더화 앞으로 도움이 필요한 일이 있으면 얼마든지 저에게 말씀하세요. 제가 반드시 방법을 생각해서 도와드릴게요. 파이팅!

장민주 정말 고맙습니다. 열심히 일하겠습니다.

2

오늘은 출근 첫날이다. 그래서 민주는 흥분되면서도 긴장되었다. 아침 일찍 버스정류장에 와서 회사로 가는 버스에 올라탔다. 민주는 길가 풍경을 감상하면서 어떻게 새로운 상사와 새로운 동료 앞에서 자기소개를 해야 할지 생각했다. 사무실에 도착하니 과장이 그녀를 사무실의 모든 구성원에게 일일이 소개했다. 모두 친절하고 우호적이었다. 화목한 분위기에서 민주는 보람 있고 도전적인 하루를 시작했다. 민주는 회사에서 일하는 이 1년이라는 시간이 그녀의 인생에서 가장 행복한 시간이 되길 바란다.

표현 날개를 달다

- 先……, 然后……

- 우선 전원을 켜서 예열을 하세요. …… 그런 후에 표시에 따라 복사를 하시면 돼요.
- 잠깐 기다려 봐. 내가 먼저 보고 난 후에 너에게 보여 줄게.

- 经

- 저는 바로 류 처장님의 소개로 이 회사에 인턴으로 오게 된 겁니다.
- 그의 소설은 내 번역을 거쳐서 출판되었다.

- 没少

- 류 처장님이 저희 앞에서 여러 번 칭찬하셨어요.
- 베이징 시는 요 몇 년 사이 적잖이 집을 지었다.

- 尽管

- 앞으로 도움이 필요한 일이 있으면 얼마든지 저에게 말씀하세요. 제가 반드시 방법을 생각해서 도와드릴게요.
- 필요하시면 얼마든지 가져가서 쓰세요.
- 내가 여러 번 가르쳐줬음에도 그는 여전히 기억하지 못한다.
- 나는 아침에 많이 먹지 않았는데도 지금 배가 하나도 고프지 않다.

회화 **가지를 치다**

1 직업 소개

A 그는 무슨 일을 하나요?

B 그는 다락 무역회사 베이징 지사 사장이에요.

★ 전에 건설회사에서 일하다가 지금은 퇴임했어요
곧 상점을 하나 열 예정이에요

2 직업 선택

A 당신은 어떤 직업을 가장 좋아하나요?

B 월급이 많은 직업이요.

★ 비교적 안정된
스트레스가 좀 적은

3 이직

A 김 부장님은 여전히 당신 사무실에서 일하세요?

B 그는 이직했어요.

★ 승진해서 지금은 다른 부서에서 일하세요
해고됐어요

02 중국인은 왜 이렇게 차 마시는 걸 좋아하나요?

회화 **내 입에서 춤추다**

1

장민주　차가 이미 다 된 것 같은데, 지금 마셔도 돼요?

우더화　첫 잔의 차는 '洗茶'라고 하는데, 잔을 데우는 것으로서, 마시지 않습니다. 그러나 이 두 가지 차의 향이 어떻게 다른지 향을 맡아 봐도 돼요.

장민주　이것은 우롱차죠? 전에 마셔 본 적이 있어요. 어, 이것은 무슨 차지요? 차 향은 우롱차와 비슷한데, 모양은 우롱차와 비교하면 뾰족하고 이상하네요.

우더화　이것은 롱징차예요. 어떤 차를 마시고 싶어요?

장민주　우롱차는 전에 마셔본 적이 있으니 오늘은 롱징차를 마실게요. 맞다, 중국인은 왜 이렇게 차 마시는 걸 좋아하나요?

우더화　이것은 일종의 관례예요. 중국에는 자고로 이런 말이 있어요. "생활에 필수적인 것으로 7가지가 있는데, 바로 땔감, 쌀, 기름, 소금, 간장, 식초, 차다." 이것은 '차'가 사람의 생활에서 얼마나 중요한지를 말해 주지요.

장민주　중국음식은 비록 좀 기름지지만, 중국인들이 모두 날씬한 것은 차를 마시는 것과 관련이 있지 않아요?

우더화　맞아요. 의학적으로 차는 체내의 지방을 분해하는 작용을 한다고 해요.

장민주　아, 그러면 나도 좀 많이 마셔야겠네요. 여기 좀 더 큰 잔 없어요?

우더화　하하. 너무 조급해 하지 말아요. 차를 마시는 것은 '차를 음미한다'라고도 하지요. 천천히 마시면서 이야기도 나누면 사람들의 마음이 더 편해지고 즐거워지죠.

장민주　'차'에 대해서 이렇게 잘 아시는 줄 미처 몰랐네요. 제게 다도에 관한 지식을 좀 알려주실 수 있나요?

우더화　좋아요. 먼저 중국 차의 종류를 소개할게요. 중국 차는 홍차, 녹차, 흑차, 황차, 청차, 백차로 모두 여섯 가지로 나누어져요. 중국의 다도는 찻잎, 찻물, 불의 상태, 찻그릇, 환경 등 '오경의 미'를 추구하는데, 여기서 말하는 환경이란 마음과 같은 조건을 가리켜요. 이 다섯 가지 요소를 배합하면 '맛'과 '마음'을 최고 수준으로 누리는 경지에 이르게 되지요.

장민주　고마워요! 오늘 좋은 차도 맛보고 차와 관련된 지식도 이렇게 많이 알게 되었네요. 정말 일거양득이네요!

2

비록 중국에 온 지 일주일도 되지 않았지만, 민주는 회사 생활에 이미 적응했다. 오늘은 같은 부서의 직원들이 함께 회식했다. 속담에 말하기를 '어떤 모임이든 술이 빠질 수 없다'라고 했고, 게다가 그들 부서의 과장도 유달리 술을 좋아하므로, 오늘 회식에서 과장은 모두 '배불리 식사'할 뿐만 아니라 '술도 실컷 마셔야' 한다고 여러 번 강조했다. 민주는 중국요리를 좋아하지만 술은 마실 줄 모른다. 그러나 이것은 그녀를 위한 '환영회'이므로 아무리 마시지 못한다 할지라도 한 잔은 마셔야 한다. 다행히 과장은 그녀를 위해서 포도주 한 병을 주문했고, 중국인은 술을 마실 때 다른 사람에게 억지로 권하지도 않기 때문에, 그녀처럼 술을 못 마시는 사람도 그렇게 난처하게 느끼지는 않는다.

- 跟······相比
  - 모양이 우롱차와 비교하면 뾰족하고 이상하네요.
  - 이 책은 다른 세 권과 비교하면 내용이 좀 어렵다.

- 还是
  - 우롱차는 전에 마셔본 적이 있으니 오늘은 롱징차를 마실게요.
  - 오늘 좀 덥네요. 우리 아이스 커피 마셔요.

- 동사+수+형용사/동사
  - 모두 '배불리 식사'할 뿐만 아니라 '술도 실컷 마셔야' 한다.
  - 영화를 보고, 쇼핑을 하고, 컴퓨터 게임을 하고, 노래방에 가고, 오늘 모두는 정말 신나게 놀았다.

- 不······不······也得······吧
  - 이것은 그녀를 위한 '환영회'이므로 아무리 마시지 못한다 할지라도 한 잔은 마셔야 한다.
  - 이 초콜릿은 내 여자친구가 사준 것이므로 아무리 안 먹는다 하더라도 한 입은 맛봐야 한다.

회화 가지를 치다

① 차 고르기

A 어떻게 차를 골라야 하죠?
B 향을 좀 맡아 봐요.
★ 차 맛을 좀 봐요
  잎의 색과 윤기를 한번 봐요

② 음주

A 술을 잘 하신다면서요?
B 독한 술은 못 마셔요.
★ 접대가 있을 때만 마셔요
  건강이 안 좋아서 술을 끊었어요

③ 만찬

A 오늘 저녁은 무슨 모임이죠?
B 당신을 환영하는 모임이에요.
★ 김 선생님을 송별하는 모임이에요
  바이어를 접대하는 모임이에요

---

03 중국인의 식사 예절에 대해 소개 좀 해 주실래요?

회화 내 입에서 춤추다

①

우더화 어제 내 친구가 생일이어서 식당에서 한턱냈어요. 요리를 한 상 주문했는데 냉채가 먼저 나오고 나서 더운 음식이 나왔어요. 최소한 이삼십 가지는 되는 데다가 음식마다 모두 정성을 들였고 맛있었죠.

장민주 이번 주말에 중국 친구가 자기 집으로 저를 초대했어요. 중국인의 식사 예절에 대해 소개 좀 해 주실래요?

우더화 중국인 집에서는 대개 원형 식탁을 사용해요. 이렇게 하면 많은 사람이 앉을 수 있는 데다가 모두 마주 앉아서 식사하면 더 친밀하고 더 떠들썩하기 때문이죠. 자리마다 앞에 대개 접시 하나, 그릇 하나, 젓가락 한 쌍, 숟가락 하나가 놓여 있죠. 앉고 나서는 젓가락을 움직이면 안 되고 소리도 내면 안 돼요.

장민주 사람들이 모두 오고 다들 앉고 나서 식사를 시작할 때는 또 어떤 것들을 주의해야 할까요?

우더화 중국에서는 국을 먹을 때를 제외하고는 모두 젓가락을 사용해요. 요리를 집을 때 매번 너무 많이 집으면 안 되고, 자기에게서 멀리 있는 요리는 좀 적게 먹어야 하죠. 식사할 때 소리를 내면 안 돼요. 식사할 때 밥그릇을 들고 먹어야 하는데, 이것은 식사가 마음에 든다는 것을 나타내지요. 식사할 때 밥그릇을 들지 않으면 식탁 위의 요리에 불만이 있다는 표시예요.

장민주	이것은 한국하고는 아주 다르네요. 한국에서는 밥그릇을 들고 먹지 않고, 밥을 먹을 때 보통 젓가락을 쓰지 않고 숟가락을 사용해요.
우더화	그리고 식사할 때 젓가락으로 남을 가리켜서는 안 되고, 젓가락으로 계속해서 뒤적거려도 안 되며, 젓가락을 밥에 꽂아 놓아도 안 돼요.
장민주	그건 한국도 마찬가지예요. 한국에서는 제사를 지낼 때에만 숟가락을 제사상 위의 밥에 꽂아 놓죠.
우더화	많은 한국인들이 고수를 먹는 데 익숙하지 않아요. 만일 잘못해서 고수를 먹게 되면 식탁 위에 뱉지 말고 종이에 싸서 버려야 해요. 아이쿠, 말하다 보니 벌써 7시네요. 밥 먹어야겠어요. 갑시다. 오늘 내가 살게요.
장민주	매번 돈을 내시니 정말 미안해요.
우더화	돈은 무슨, 우리는 좋은 친구라는 걸 잊지 말아요!

② ···

중국의 식사 예절에서 어디에 앉는지는 매우 중요하다. 상석은 문에서 가장 먼 정중앙 자리인데 상석에 앉는 사람은 반드시 계산을 하는 사람이다. 주빈과 부주빈은 각각 주인의 오른쪽과 왼쪽에 앉는다. 손님을 주인과 마주하고 앉게 하거나 상석에 앉게 하는 것은 모두 실례다. 손님이 앉은 후에는 젓가락을 움직이면 안 되고 소리를 내는 것은 더욱 안 된다. 또한 일어나서 걸어 다니는 것도 안 된다. 만일 무슨 일이 있으면 주인에게 알려야 한다. 식사할 때 손님에게 요리를 집어주려면 공용 젓가락을 사용하는 것이 가장 좋다. 그 밖에 시의적절하게 좌우의 사람과 담소를 나누어야 한다. 떠날 때 손님은 반드시 주인에게 감사의 인사를 해야 한다.

표현 날개를 달다

• 少说也

- 그는 요리를 한 상 주문했는데 냉채가 먼저 나오고 나서 더운 음식이 나왔어요. 최소한 이삼십 가지는 됐죠.
- 나는 안경을 낀 지 최소한 10년이 됐어요.

• 양사(量词)의 중첩

- 음식마다 모두 정성을 들였고 맛있었죠.
- 그의 성적은 매번 전교 일등이다.

• ……惯

- 많은 한국인들이 고수를 먹는 데 익숙하지 않아요.
- 나는 밤새우는 것이 익숙해서 일찍 자려고 해도 잠들지 못한다.

• 什么……不……的

- 돈은 무슨, 우리는 좋은 친구라는 걸 잊지 말아요!
- 유행은 무슨, 옷은 입을 수만 있으면 되죠.

회화 가지를 치다

① **식사 문화**

　A 중국인의 식사 습관은 한국인과 어떤 점이 다른가요?

　B 국을 먹을 때만 숟가락을 사용해요.

　★ 국은 맨 마지막에 먹어요
　　식사 후에 차를 마셔요

② **접대 문화**

　A 중국에서 손님을 접대할 때 무엇에 주의해야 하나요?

　B 음식이 푸짐해야 해요.

　★ 음식의 가짓수는 짝수여야 해요
　　손님에게 음식을 집어 줘야 해요

③ **음주 문화**

　A 한국과 중국의 음주 습관은 어떤 점이 다른가요?

　B 중국인은 술을 받을 때 술잔을 테이블에 놓은 채로 받아요.

　★ 술을 마실 때 보통 자리를 옮기지 않아요
　　웃어른 앞에서 술을 마실 때 몸을 돌려서 얼굴을 가리고 마시지 않아요

회화 내 입에서 춤추다

1

우더화 내 혈액형이 뭔지 알아맞혀 볼래요?

장민주 성격으로 보면 O형 같아요. 성격이 온순하고 자상하시잖아요.

우더화 하하, 사실 나는 B형이에요. B형인 사람은 낭만적인 편인데, 내가 낭만적이라고 생각하지 않아요?

장민주 혈액형이 성격을 결정한다지만 사실 제가 볼 때 반드시 그렇지만은 않은 것 같아요. 저를 보더라도 저는 A형인데 사람들은 모두 A형인 사람은 성격이 과감하고 강직하며 승부욕이 강하다고 하지만, 저는 전혀 그렇지 않고 오히려 B형 같아요.

우더화 혈액형으로 한 사람의 성격을 판단할 수는 없지만, 별자리는 어떤 때는 비교적 정확한 것 같아요.

장민주 정말이요? 그럼 저도 좀 봐 주세요. 제 생일은 3월 10일이에요.

우더화 3월 10일이면 물고기자리겠네요. 물고기자리의 특징은 낭만적이고 동정심이 있지만 그다지 현실적이지는 못해요.

장민주 와. 정말 맞네요. 제가 보기에 우더화 씨는 내일부터 점쟁이를 해도 되겠어요. 단번에 명성을 날릴 지도 모르잖아요!

우더화 하하. 사실 별자리도 그렇게 잘 맞지만은 않아요. 내 친구가 하나 있는데, 별자리로 보면 아주 용감해야 하지만 오히려 조그만 날벌레도 무서워 어쩔 줄 몰라 하는 걸요.

장민주 맞아요. 만일 혈액형과 별자리로만 한 사람의 운명을 예측할 수 있다면 삶이 너무 재미없어지겠죠.

우더화 말은 이렇게 하지만 사람들은 자고로 자연을 통해서 자신의 운명을 예측하는 것을 즐겼어요. 예를 들면 운명을 점치거나 풍수를 보는 것 등이죠. 중국에서는 이러한 것이 금지된 미신 활동이지만 여전히 많은 사람들이 좋아하죠.

장민주 이러한 행위가 중국에서 금지되어 있다는 것은 몰랐네요. 한국에서는 젊은 사람들이 결혼하기 전에 두 사람의 사주팔자를 보는 것이 여전히 하나의 풍속이에요.

우더화 내가 보기에 사주팔자는 전혀 중요하지 않아요. 가장 중요한 것은 두 사람이 사랑하는지 여부죠.

2

오늘 장민주는 한국 사이트에 접속해서 중국 친구 우더화를 위해 그의 인생 운을 봐 주었다. 더화는 사이트에 쓰인 성격과 건강 상황이 정말 자신과 비교적 일치한다면서 신기해했다. 그래서 또 민주에게 그와 여자친구의 사주팔자가 서로 잘 맞는지를 봐달라고 했다. 사이트에서는 그들 두 사람이 때로는 성격 차이로 충돌이 있지만, 경제적인 측면에서 크게 성공을 거둘 것이며 건강하게 오래 살고 백년해로 할 것이라고 했다. 이 말을 듣고서 더화는 기뻐서 어쩔 줄 몰랐다. 그는 앞으로 자신의 고집 센 나쁜 성격을 고치고 여자친구에게 좀 더 양보해야겠다고 말했다.

표현 날개를 달다

• 从……来看

- 성격으로 보면 당신은 O형 같아요.
- 이 점에서 본다면 그의 주장에도 문제가 있다.

• 不见得

- 혈액형으로 한 사람의 성격을 판단할 수는 없다.
- 비록 그가 나보다 중국어 공부를 일찍 시작했지만 그의 중국어 실력이 나보다 높지는 않다.

• 说不定

- 앞으로 단번에 명성을 날릴 지도 모르잖아요!
- 당신은 그가 틀렸다고 생각하지만, 그의 말이 맞을 수도 있어요.

• 反而……

- 그는 원래 아주 용감해야 하지만 오히려 조그만 날벌레도 무서워 어쩔 줄 몰라 하는 걸요.
- 그는 나를 보고 기뻐하지 않을 뿐 아니라 오히려 나에게 화를 냈다.

회화 **가지를 치다**

1 성격

A 그는 성격이 어떤가요?

B 겸손하고 온화해요.

★ 솔직하고 일을 할 때 결단력이 있어요
친절하면서도 강인해요

2 미신

A 당신 둘은 점을 본 적이 있나요?

B 우리는 미신을 믿지 않아요.

★ 별자리 점을 본 적이 있어요
관상을 본 적이 있어요

3 종교

A 당신의 종교는 무엇인가요?

B 나는 불교를 믿어요.

★ 천주교
기독교

05 개도 교육을 받다니!

회화 **내 입에서 춤추다**

1

우더화	어제 전화했을 때 너 병원에 있다고 했잖아. 왜, 어디가 불편해? 이제 좀 나아졌어?
마링	하하, 나 병 난 거 아니야. 어제 동물병원에서 하니 진찰 받은 거야. 지난 달에 하니를 동물학교에 보내서 훈련을 받게 했는데, 집에 돌아오자마자 병이 날 줄 몰랐어.
우더화	동물도 학교를 다녀야 해? 하니도 명이 고달프구나. 교관에게 시달려서 병이 난 거 아냐?
마링	너 왜 이렇게 견문이 좁니. 하니에게 제일 좋은 동물학교를 찾아준 거야. 한 달에 8000여 위안이 들어가. 게다가 이 학교의 교관은 동물을 때린 적이 없어.

우더화	맙소사! 네가 하니를 이렇게 끔찍이 사랑하는 줄 몰랐네. 8000위안이면 거의 내 한 달 치 월급인데. 그럼 하니가 거기에서 무슨 교육을 받는데?
마링	주로 예의 훈련과 반응 능력 등 방면의 훈련을 받아.
우더화	정말 재미있네. 개도 교육을 받다니! 하지만 개가 사람도 아닌데 때리지 않으면 어떻게 교육을 하니?
마링	동물 주인이 안심하고 외부의 유언비어에 미혹되지 않도록 하기 위해서 동물학교는 동물 주인들에게 직접 훈련 과정을 볼 수 있도록 해줘.
우더화	그럼 너는 동물학교의 훈련 과정을 잘 이해하겠구나?
마링	그거야 말할 필요가 있겠니! 교관들은 모두 유인하는 방식으로 동물들에게 훈련을 진행해. 예를 들어서 교관들은 음식을 가지고 강아지 앞에서 원을 그려서 강아지가 몸을 굴리도록 유도하지.
우더화	네 말을 들으니 정말 내 시야가 넓어지네. 참, 너 지금 어디 가는 거야? 왜 하니가 안 보여?
마링	하니는 동물 탁아소에 있어. 나는 하니에게 먹을 것과 놀 것을 좀 사 주려고 펫샵에 가는 길이고.
우더화	와, 정말 너희 집 하니가 부럽다!

2

마링의 언니는 어릴 때부터 개를 좋아하고 개 키우는 것도 좋아했다. 다른 사람이 왜 그렇게 개를 좋아하냐고 물으면 그녀는 이렇게 말한다. "개는 사람처럼 감정이 있는 동물이라서 인간과 통하잖아. '개는 집이 가난한 것을 싫어하지 않는다'는 속담도 있어. 개는 주인에게 충성하고 결정적일 때는 목숨을 바쳐 사람을 구하기도 해." 개를 좋아해서 마링의 언니는 동물보호협회에 가입했을 뿐만 아니라 '수의사'라는 직업도 선택했다. 언니는 자신의 '환자'에게 매우 관심이 많아서 바람이 부나 비가 오나 엄동설한이나 혹서에나 어느 집 동물이 병이 났다 하면 전화 한 통에 곧장 약상자를 들고 '출동'한다. 봐라, 그녀는 또 자신의 '환자'를 진료하러 가려 한다.

- ……不得了

  - 네가 하니를 이렇게 끔찍이 사랑하는 줄 몰랐네.
  - 벌써 12시인데 그녀가 아직 집에 돌아오지 않아 가족들이 모두 심하게 걱정하고 있다.

- 被……所……

  - 동물 주인이 안심하고 외부의 유언비어에 미혹되지 않도록 하기 위해서 동물학교는 동물 주인들에게 직접 훈련 과정을 볼 수 있도록 해줘.
  - 선생님은 이 학생에게 깊이 감동받았다.

- 省得

  - 동물 주인이 안심하고 외부의 유언비어에 미혹되지 않도록 하기 위해서 동물학교는 동물 주인들에게 직접 훈련 과정을 볼 수 있도록 해줘.
  - 감기에 걸리지 않도록 옷을 많이 입어라.

- 这不

  - 어느 집 동물이 병이 났다 하면 전화 한 통에 곧장 약상자를 들고 '출동'한다. 봐라, 그녀는 또 자신의 '환자'를 진료하러 가려 한다.
  - 그들 둘은 싸운 것 같다. 봐라, 그들은 앞서거니 뒤서거니 걸으며 한마디도 하지 않는다.

회화 | 가지를 치다

1 애완동물 선택하기

A 어떤 애완동물을 키우는 것이 좋을까요?

B 개를 키워봐요. 개가 제일 충직하잖아요.

★ 고양이 / 고양이는 깨끗하잖아요
토끼 / 토끼는 귀엽잖아요

2 개 키우기

A 개를 키울 때 뭐가 제일 귀찮아요?

B 목욕시킬 때 제일 귀찮아요.

★ 대소변을 가리게 하는 것이 제일 귀찮아요
털갈이 때 온 집안에 털이 날리는 것이 제일 귀찮아요

3 애완용품

A 내일이 여자친구가 키우는 강아지 생일인데 무엇을 선물하면 좋을까요?

B 사료를 선물해 봐요.

★ 샴푸를 선물해 봐요
개집을 선물해 봐요

---

07 당신은 '성형'이라는 이 문제를 어떻게 보나요?

회화 | 내 입에서 춤추다

1

추이시우란 많은 한국인들이 성형수술을 했다던데 정말이니?

장민주 인기스타들이 성형수술을 한 경우는 적지 않지만, 일반인이 성형수술을 한 경우는 그렇게 많지 않아. 하지만 예전과 비교해서 일반인들도 성형수술을 많이 하기 시작했어. 중국에는 성형한 사람이 많니?

추이시우란 사람들의 생활 수준이 점점 좋아지면서 외모의 아름다움을 추구하는 사람들이 갈수록 많아지고 있어. 그래서 적지 않은 사람들이 성형수술을 하기 시작했어. 부유한 사람들 중에는 일부러 한국에 가서 성형을 하는 경우도 많다고 들었어. 너는 '성형'이라는 이 문제를 어떻게 보니?

장민주 내가 보기에는 한 사람이 자신의 외모에 자신이 없어서 성형수술을 통해 자신감 있게 변하고 삶을 더 아름답게 할 수 있다면 성형수술을 하는 것도 이해할 수 있어.

추이시우란 내 생각은 너와 달라. 나는 '아름다움'은 결코 한 사람의 외모에 있는 것이 아니라 마음에 있다고 생각해. 성형수술은 사람의 외모만 아름답게 할 뿐 사람의 마음을 아름답게 만들지는 못해. 어떤 사람들은 외모만 중시해서 늘 이리저리 치장하지만 마음의 수양은 중시하지 않지.

장민주 사실 나도 그런 '환골탈태'식의 성형은 결코 좋아하지 않아. 단지 적당한 성형을 통해서 자신에게 자신감을 회복시켜 줄 수는 있을 거라고 생각해. 만일 모든 사람이 쌍꺼풀에 큰 눈, 갸름한 얼굴이면 우리 지구가 '인형세계'로 변하지 않겠어?

추이시우란 어르신들이 늘 말씀하시기를, 한 사람의 외모로부터 그 사람의 성격을 추측할 수 있고, 미래를 예측할 수 있다고 했어. 만약 성형수술을 했다면 어릴 때 사진을 보지 않고서야 외모로 그 사람의 성격과 미래를 예측하기가 쉽지 않겠지. 참, 너 이렇게 예쁜데 설마 성형한 것은 아니겠지?

장민주 하하. 너 정말 말 잘하네. 나는 자연미를 좋아해서 지금껏 성형수술을 해야겠다고 생각해본 적이 없어.

② ....

며칠 전 장민주는 마링이 수술을 했다는 말을 듣고는 아주 깜짝 놀랐다. 후에야 그녀가 한 것이 라식수술이라는 것을 알았다. 수술을 통해 마링은 드디어 10년 동안 꼈던 안경을 벗었고, 안경이 가져왔던 무게감도 사라졌다. 하지만 민주에게는 마링이 좀 낯설게 느껴졌다. 별안간 마링이 서생 티가 넘쳐흐르던 학생에서 온화하고 단아한 소녀로 바뀌었기 때문이다. 마링이 말하기를 그녀의 수술은 성공적이었고 라식수술이 그녀의 인생을 바꾸었으므로 내년에는 성형수술도 받을 계획이라고 했다. 이 말을 듣고서 마링의 남자친구는 그녀에게 "내가 좋아하는 것은 지금의 너야. 나는 지금의 네가 가장 예뻐."라고 말했다.

표현 **날개를 달다**

• 在……看来
- 내가 보기에 성형수술을 하는 것도 이해할 수 있어.
- 그가 보기에 이 일은 이렇게 하면 안 된다.

• 在于……
- 나는 '아름다움'은 결코 한 사람의 외모에 있는 것이 아니라고 생각한다.
- 관건은 하느냐 마느냐에 있지, 할 수 있느냐 없느냐에 있지 않다.

• 长……短……
- 어떤 사람들은 외모만 중시해서 늘 이리저리 치장하지만 마음의 수양은 중시하지 않는다.
- 오빠는 마을의 유일한 대학생이어서, 매번 방학 때 돌아오면 마을 사람들이 이것저것 물으러 오곤 했다.

• 莫非
- 너 이렇게 예쁜데 설마 성형한 것은 아니겠지?
- 설마 내가 잘못 들은 것은 아니겠지?

회화 **가지를 치다**

① **내면의 아름다움**

A 내게 소개해 주려는 그 사람 어때요?

B 사람 좋아요. 성격도 밝고.

★ 말도 재미있게 하고
   다른 사람에게 자상하고

② **콤플렉스**

A 피부가 검은 것이 내 가장 큰 콤플렉스예요.

B 무슨 소리예요. 그게 당신 매력인데.

★ 쌍꺼풀이 없는 것이
   둥근 얼굴이

③ **매력**

A 그의 어떤 면이 가장 매력 있어요?

B 그는 마음이 넓고 남을 잘 이해해 줘요.

★ 자신감이 있고 적극적이에요
   카리스마가 있어요

---

08 **결혼 준비를 하고 있다고 들었는데, 많이 바쁘죠?**

회화 **내 입에서 춤추다**

① ....

이동환 결혼 준비를 하고 있다고 들었는데, 많이 바쁘죠? 중국인이 결혼할 때에는 모두 혼인증이 있어야 하던데, 당신은요? 혼인증을 만들었나요? 결혼 날짜는 정했고요?

왕훙웨이 혼인증은 이미 만들었고, 날짜는 궈칭지에로 잡았어요. 장기 휴가 기간에 신혼여행을 가려고요. 그때 꼭 내 결혼식에 와야 해요.

이동환 말할 필요 있나요. 꼭 참석해야죠. 맞다. 텔레비전, 냉장고, 세탁기 이 '세 가지 물건'은 다 샀나요?

왕훙웨이 아이구! 당신이 말하는 것은 1980년대의 '옛날 세 가지 물건'이에요. 여러 산업이 발전하면서 지금 말하는 세 가지 물건은 이미 차, 집 그리고 통장이 되었죠.

이동환 중국 경제가 발전하면서 세 가지 물건에 이렇게 큰 변화가 생겼는지 몰랐네요. 그럼 집과 차는 다 산 거예요?

왕훙웨이 이제 몇 년 일했는데 어디 그렇게 많은 돈이 있겠어요. 대출로 집을 샀어요. 대출은 내가 갚을 거예요. 집의 노예가 됐는데 또 차의 노예가 되고 싶지는 않아서 새 차를 사지 않고 전에 타던 차를 계속 타려고요.

이동환 결혼식 날 웨딩카, 연회석, 촬영이 빠지면 안 되던데, 이것들은 모두 예약했어요?

왕훙웨이 말도 마요! 궈칭지에에 결혼하는 사람이 많아서 연회석을 예약하러 다니느라 다리가 부러지는 줄 알았다니까요. 간신히 바이산 호텔에 60개 테이블을 예약했고, 다른 건 결혼식 대행사에 맡겨서 대신 처리하게 했어요.

이동환 정말 부럽네요. 일자리도 좋고, 능력도 있고. 저는 서른이 다 되어 가는데 올해에야 간신히 일자리를 찾았고, 학자금 대출도 갚아야 하고. 새로운 세 가지 물건은커녕 옛날 세 가지 물건도 언제쯤이나 살 수 있을지 모르겠는데 말이죠.

왕훙웨이 당신이 말하는 걸 들으니 지금은 '남녀평등'이잖아요. 많은 사람들이 결혼을 하고 나서 부부가 같이 집을 사고 대출도 같이 갚으니 집을 사는 책임을 자신에게만 지우지 말아요. 아이쿠, 가야겠네요. 오늘 마링과 같이 신혼여행 갈 곳을 상의하기로 약속했어요.

이동환 만족할 만한 곳을 찾기 바랄게요.

② ·······

중국인이 결혼할 때 준비하는 세 가지 물건은 한 가정이나 한 사람의 수입 수준을 나타낸다. 1970년대에 중국 경제가 천천히 발전하면서 손목시계, 자전거, 재봉틀이 가정 경제력의 상징이 되었다. 1980년대 중후반에는 개혁·개방으로 거대한 변화가 생기면서 컬러TV, 냉장고, 세탁기가 점차 수많은 집에 들어갔다. 1990년대에는 전화, 에어컨, 컴퓨터가 사람들의 생활 속으로 들어가기 시작했다. 21세기 초에는 사람들의 생활이 비약적으로 발전하여 자동차, 집, 통장이 필수불가결하게 되었다. 비록 결혼 여부가 돈이 많고 적음에 달려있지는 않지만 점차 많은 청년들이 물질에 미혹되기 시작했다.

표현 날개를 달다

- 趁······
  - 날짜는 궈칭지에로 잡았어요. 장기 휴가 기간에 신혼여행을 가려고요.
  - 젊을 때 많이 공부해라.

- ······齐
  - 텔레비전, 냉장고, 세탁기 이 '세 가지 물건'은 다 샀나요?
  - 모두 다 도착하면 출발하자.

- 少不了
  - 결혼식 날 웨딩카, 연회석, 촬영이 빠지면 안 된다.
  - 지리를 배울 때 지도가 빠지면 안 된다.

- 别说A, 就(是)B也/都
  - 새로운 세 가지 물건은커녕 옛날 세 가지 물건도 언제쯤이나 살 수 있을지 모르겠다.
  - 나는 지금까지 일하느라 바빠서 아침은커녕 점심도 먹을 틈이 없었다.

회화 가지를 치다

1 결혼 준비

A 요즘 결혼 준비로 무척 바쁘지요?

B 그러게요. 오늘은 웨딩 촬영하러 가요.

★ 웨딩드레스 고르러
　 결혼반지 사러

2 이상형

A 당신은 어떤 사람과 결혼하고 싶어요?

B 나를 잘 이해해 주는 사람과 결혼하고 싶어요.

★ 성실한
　 여행을 좋아하는

③ **신혼집**

A 신혼집은 구했나요?

B 우리는 월셋집을 구하고 있어요.

★ 대출을 받아서 살 생각이에요
시부모님 댁에서 함께 지낼 예정이에요

---

09 중국인의 결혼 풍습도 알고 싶어요.

회화 내 입에서 춤추다

①

추이시우란 오늘 마링이 결혼하는데, 너 결혼식에 갈 거니?

장민주 당연하지. 친한 친구의 결혼식인데 어떻게 안 갈 수가 있겠어? 그리고 중국인의 결혼 풍습도 알고 싶어. 결혼 당일 신랑이 아침 일찍 신부를 맞이하러 신부집에 간다고 들었는데, 그러니?

추이시우란 맞아. 결혼 당일 신부는 아침 일찍 단장을 하고 친척, 친구들과 함께 신랑을 맞이할 준비를 해야 하지. 그러나 신랑이 쉽게 신부를 맞이할 수 있는 것은 아냐. 반드시 몇 번의 관문을 통과해야 해.

장민주 한국에도 결혼 전에 '함을 파는' 풍습이 있어. 신랑의 친구들이 신부의 집에 '함'을 넘겨 주기 전에 신부의 집 앞에서 고의로 신부 친구들을 한바탕 괴롭히지.

추이시우란 내가 전에 TV에서 이런 장면을 봤는데, 신부집에서는 '함'을 받기 위해서 신랑의 친구들에게 돈을 줄 뿐만 아니라 그들에게 맛있는 음식도 대접하더라. 중국은 매우 달라. 신랑이 신부를 맞이하기 위해서 신부의 친구에게 돈을 주고 신부의 부모에게 차도 대접하여 그들의 허락을 받아야 해.

장민주 결혼 때 사용하는 웨딩카는 모두 외국 유명 자동차 몇 십 대로 꾸려진다고 하던데.

추이시우란 네가 말하는 것은 갑부의 이야기이고, 보통 사람들은 일반적으로 그렇게 크게 겉치레를 하지 않아. 그러나 신랑이 신부를 맞이한 후에는 함께 웨딩카에 앉아서 도시의 주요 도로를 한 바퀴 돌아.

장민주 알고 보니 신경 쓸 것이 이렇게 많구나. 참, 신랑이 30세쯤이고 마링보다 두 살 어리다던데.

추이시우란 응. 몇 개월 전에 내가 길에서 신랑을 한 번 만났는데, 마링보다 비록 어리지만 마링에게 오빠처럼 참 세심하게 배려하더라.

장민주 나도 그런 남자친구를 만난다면 얼마나 좋을까!

추이시우란 너는 사람이 좋아서 모두가 너를 좋아하잖아. 반드시 멋진 남자친구를 만나게 될 거야. 마링이 결혼하는 걸 보니 나도 결혼하고 싶네. 그런데 결혼을 하자니 나와 남자친구가 아직 경제력이 없고, 결혼하지 말자니 매일 함께 있고 싶고 그렇네.

장민주 아이구! 정말 행복한 고민이네. 시간이 늦었으니 우리 빨리 출발해야겠다.

---

②

3년 전에 학과 선배의 소개로 마링은 왕홍웨이를 알게 되었다. 3년간의 교제를 거쳐 어제 두 사람은 마침내 결혼식을 올렸다. 마링의 남편 왕홍웨이는 큰 기업의 젊고 능력 있는 엔지니어다. 비록 시댁의 집이 크지만 그들은 부모에게 의지하고 싶지 않아서 장기 주택융자로 시댁 근처의 작은 아파트를 사서 따로 살기로 했다. 현재 중국에는 마링네와 같은 핵가족이 많이 출현해서 전통적인 '4대가 함께 사는' 대가족은 이미 많이 보이지 않는다. 마링 부부는 일이 매우 바쁘다. 하지만 그들은 평소에는 그들의 작은 가정을 잘 돌보고, 매 주말에는 반드시 부모님 댁에 가서 자녀로서의 효도를 다하기로 약속했다.

표현 날개를 달다

• ……来

- 듣자니 신랑은 30세쯤 되었다고 한다.
- 그는 오늘 6리 가량을 걸었다.

• 형용사+비교 대상

- 그는 마링보다 두 살 어리다.
- 남동생은 그보다 머리 하나가 작다.

• 该多……啊

- 나도 그런 남자친구를 만난다면 얼마나 좋을까!
- 네가 여기를 떠나지 않는다면 얼마나 좋을까!

- ······吧······ ，······吧······
- 결혼을 하자니 나와 남자친구가 아직 경제력이 없고, 결혼하지 말자니 매일 함께 있고 싶고 그렇네.
- 집에 있자니 혼자서는 재미가 없고, 나가서 놀자니 밖은 또 너무 춥다.

회화 **가지를 치다**

① **결혼 상대 찾기**

A 결혼 상대의 나이가 몇이길 원해요?

B 최대 다섯 살 연상까지는 괜찮아요.

★ 연하면 다 괜찮아요
나이는 상관없어요

② **첫 만남**

A 두 분은 어떻게 알게 되었나요?

B 우리는 동아리에서 알게 되었어요.

★ 친구 소개로 알게 되었어요
우리는 채팅으로 알게 되었어요

③ **결혼 계획**

A 언제 결혼할 생각이에요?

B 마음에 드는 사람 찾으면 바로 결혼할 거예요.

★ 돈을 충분히 벌고 나서 결혼할 거예요
아직 결혼 문제는 생각해 보지 않았어요

---

⑩ **아들을 원해요, 아니면 딸을 원해요?**

회화 **내 입에서 춤추다**

①

이동환 　지금 어디 가는 중이에요? 무슨 귤을 이렇게 많이 샀어요?

왕훙웨이 　아내가 임신했어요. 요즘 아무것도 먹지 못하고, 귤처럼 이렇게 신 것만 먹고 싶어 하네요. 그래서 내가 마트에 가서 사다 주는 길이에요.

이동환 　축하해요! 드디어 아빠가 되는군요! 어쩐지 요즘 나날이 더 활기 있고 매일 기분이 좋더라니. 아들을 원해요, 아니면 딸을 원해요?

왕훙웨이 　남자나 여자나 다 같지만 요즘은 '남자를 낳으면 듣기 좋고 여자를 낳으면 운이 좋다'라는 말이 유행이잖아요! 나도 여자아이를 더 원하고, 내 아내를 닮은 딸이었으면 좋겠어요.

이동환 　듣자니 예전 중국은 남존여비 사회였다던데, 요즘은 변화가 있나요?

왕훙웨이 　과거에는 농업 위주의 사회라서 남자가 주요 노동력이었고, 남자아이를 낳으면 농사일에 도움이 될 수 있었던 거죠. 그래서 예전에는 모두 아들을 낳기를 원했고, 또 '대를 잇는다', '아들을 키워 노년을 대비한다'는 것은 중국의 몇 천 년을 이어온 전통 사상이었어요. 하지만 요즘 사회에는 천지개벽할 변화가 생겼죠.

이동환 　사실 예전 한국의 '남존여비' 사상도 심각한 편이었어요. 그렇지만 최근 여자들의 지위가 향상되면서 한국의 남존여비 현상에도 큰 변화가 생겼어요. 뉴스 보도에 따르면 하나만 낳을 수 있다면 많은 젊은 부부들이 여자아이를 바란다고 해요.

왕훙웨이 　예전에는 남녀 비율도 고르지 않아서 한 반에 남학생은 많고 여학생은 적었어요. 하지만 요즘은 예전처럼 그렇게 심각하지는 않아요. 사실 나와 아내로서는 남자든 여자든 정말 상관이 없어요.

이동환 　남자를 낳든 여자를 낳든 모두 심혈을 기울여 교육하고 길러야죠. 이 세상 절반은 남자고 절반은 여자인데, 서로 존중하고 이해하는 것이 가장 중요하잖아요. 맞다! 아이에게 어떤 이름을 지어줄지 생각해 봤어요?

왕훙웨이 　이름 문제가 나올 때마다 머리가 아파 죽겠어요. 나와 아내 의견이 다르거든요. 나는 작명 회사에 가서 이름을 짓고 싶은데, 아내는 우리 둘이 아이에게 듣기 좋은 이름을 지어 주기를 원해요.

이동환 　이름은 사람의 일생을 함께 하는 것이니 잘 상의해 봐요.

2

이름은 부모가 아이에게 주는 첫 번째 선물이자 아이의 일생을 함께 하는 선물이기도 하다. 이름은 사용하는 기간이 가장 길고 사용하는 빈도도 가장 높아서 아이에 대한 영향도 가장 크다. 이름은 한 사람의 복장에 비할 수 있는데, 자신에게 어울리는 단장은 사람들에게 좋은 인상을 남긴다. 좋은 이름은 아이에 대한 부모의 깊은 사랑을 나타내고, 아이에 대한 부모의 아름다운 기대와 축복을 나타낼 뿐만 아니라 아이에게 평생 좋은 일만 있도록 한다. 따라서 많은 부모들이 작명 회사에 자녀의 작명을 맡기는데, 작명 비용에 있어서는 몇 백 위안에서 천 위안을 웃돌기도 한다.

표현 날개를 달다

- 一……比一……
  - 드디어 아빠가 되는군요! 어쩐지 요즘 나날이 더 활기 있고 매일 기분이 좋더라니.
  - 비가 점점 더 거세지니 우리 빨리 가자.
- 对……来说
  - 나와 아내로서는 남자든 여자든 정말 상관이 없어요.
  - 한국인에게 있어 설을 쇨 때 서로 세배하는 것은 빼놓을 수 없는 일이다.
- 每
  - 이름 문제가 나올 때마다 머리가 아파 죽겠어요.
  - 매년 춘지에에 나는 고향으로 돌아간다.
- 至于……
  - 많은 부모들이 작명 회사에 자녀의 작명을 맡기는데, 작명 비용에 있어서는 몇 백 위안에서 천 위안을 웃돌기도 한다.
  - 그들은 이혼했는데, 그들이 왜 이혼했는지에 대해서는 아무도 모른다.

회화 가지를 치다

1 자녀 계획

A 아이를 몇 명 가질 생각인가요?

B 남녀 구별 없이 하나만 낳을 생각이에요.

★ 아들, 딸 하나씩요
많을수록 좋지요

2 임신

A 당신 아내가 임신했다고 들었는데, 몇 개월이나 됐어요?

B 이제 한 달 됐어요. 요즘 입덧을 심하게 해요.

★ 벌써 일곱 달 됐어요. 움직이는 것을 힘들어 해요
다음 달이면 출산해요

3 자녀 이름 짓기

A 아이에게 어떤 이름을 지어주고 싶은가요?

B 듣기 좋고 부르기 좋은 이름을 지어주고 싶어요.

★ 한글 이름을 지어주고
아이 할아버지께 아이 이름을 지어달라고 하고

11 중국 남자들은 한국 남자들보다 집안일을 많이 해요.

회화 내 입에서 춤추다

1

왕홍웨이 오늘 모두 제 솜씨를 한번 맛보세요! 두 분 먼저 이야기 나누고 계시면 식사는 곧 나올 거예요.

이동환 왕 선생님이 손수 음식을 만드시는 거예요? 평소에도 왕 선생님이 요리를 하시나요?

마링 평소에는 당연히 함께 하죠. 그런데 남편이 저보다 솜씨가 좋아서 집에 손님이 올 때는 남편이 직접 요리를 해요.

이동환 제가 볼 때 중국 남자들은 한국 남자들보다 집안일을 많이 해요. 중국 여자들의 집안에서의 지위도 비교적 높고요.

마링 현재 중국의 '남존여비' 현상은 거의 없어졌어요. 또한 여성의 취업률이 계속해서 상승함에 따라 여자들은 자신의 경제적 근거가 생기게 되어 사회에서의 지위도 그에 따라 상승했고요. 현재 남성들이 자신의 주도적인 위치를 아무리 강조하더라도 아마 사회의 인정을 받기는 힘들 걸요.

이동환 당신들은 부부가 다 일을 하는데, 그럼 평소에 집안일은 어떻게 분담하나요?

마링	우리는 집안일이 있으면 함께 해요. 그렇지 않으면 가정에 갈등이 생기기 쉽죠.
이동환	한국에서는 예전에 직장 여성은 집안일뿐만 아니라 자녀 교육까지 해야 했어요. 하지만 젊은이들 사이에서 큰 변화가 생겼고, 요즘은 부부가 함께 집안일을 하죠.
마링	보아하니 한국 여성들의 사회적 지위에도 큰 변화가 생긴 것 같은데요?
이동환	맞아요. 첫째로 많은 여성들이 일을 하기 시작했고, 둘째로 많은 직장 여성들이 자신의 직장에서 중요한 역할을 맡고 있죠.
마링	그럼 아이들은 누가 돌봐 주나요?
이동환	한국 부모들은 낮에는 아이를 유치원에 보내요. 중국은요?
마링	중국은 아이들이 많이 어릴 때는 조부모가 손자나 손녀를 돌보는 경우가 많아요. 아이들이 좀 더 컸을 때는 유치원에 보내죠. 어떤 부모들은 자신의 아이에게 더 좋은 교육을 시키기 위해서, 많은 돈을 쓰더라도 아이를 사립 유치원에 보내고 싶어 해요.
왕훙웨이	두 분 재미나게 이야기하시네요! 음식이 모두 완성됐으니 따뜻할 때 드셔 보세요.

② ....

이동환은 중국에 온 지 1년이 되어서 이미 이곳의 생활에 거의 적응했다. 어려서부터 매우 보수적인 집안에서 자랐기 때문에 이동환은 '남성 우월주의'가 좀 있다. 그는 막 중국에 왔을 때 많은 중국 남자들이 퇴근하자마자 집에 돌아가서 음식을 하는 것을 보고 적응을 하지 못했었다. 그러나 시간이 지남에 따라 그의 '남녀평등' 문제에 대한 관점에도 근본적인 변화가 생겼다. 최근에 이동환은 결혼 후 아내와 함께 집안일을 하려고 요리학원에도 등록했다고 들었다. 이 소식을 듣고는 친구들이 감개무량해서 "환경이 정말 한 사람을 바꿔 놓을 수도 있구나!"라고 말했다.

표현 날개를 달다

• 多+동사+비교 수량
- 제가 볼 때 중국 남자들은 한국 남자들보다 집안일을 많이 해요.
- 당신 좀 더 빨리 달려야 그를 따라잡을 수 있을 거예요.

• 再……也……
- 현재 남성들이 자신의 주도적인 위치를 아무리 강조하더라도 아마 사회의 인정을 받기는 힘들 걸요.
- 당신이 아무리 권한다 하더라도 그는 아마 듣지 않을 걸요.

• 否则……
- 우리는 집안일이 있으면 함께 해요. 그렇지 않으면 가정에 갈등이 생기기 쉽죠.
- 그 공연을 보려면 인터넷으로 표를 예매하는 것이 좋아요. 그렇지 않으면 줄을 엄청 오래 서야 해요.

• 一来……, 二来……
- 첫째로 많은 여성들이 일을 하기 시작했고, 둘째로 많은 직장 여성들이 자신의 직장에서 중요한 역할을 맡고 있죠.
- 그는 매일 하교 후 아르바이트를 하러 간다. 첫째로는 돈을 벌기 위해서고, 둘째로는 시야를 넓히기 위해서다.

회화 가지를 치다

1 가사 분담

A 부부는 집안일을 어떻게 분담해야 한다고 생각하나요?

B 남자는 바깥일을 하고, 여자는 집안일을 해야죠.

★ 둘이 모두 일을 하니까 집안일도 함께 해야죠
여자가 일을 하고 남자가 집에 있다면 남자가 집안일을 더 많이 해야죠

2 여성의 지위

A 한국 여자의 사회적 지위가 어떻다고 생각하나요?

B 예전보다 많이 높아졌다고 생각해요.

★ 한국은 여전히 남성 우월주의가 강하다고 생각해요
남자와 비슷하다고 생각해요

3 남녀평등

A 무엇이 남녀평등이라고 생각하나요?

B 남녀가 각자 할 수 있는 일을 하는 것이 남녀평등이죠.

★ 남녀가 서로를 존중해 주는 것이
남녀의 기회가 평등한 것이

모범 답안 및 녹음 대본

01 我是新来的实习生。

표현 날개를 달다

• 先……，然后……

① 先看电影，然后去吃饭吧

② 先去买花，然后再去医院看张力

③ 先去北京，然后再去上海吧

• 经

① 经她父母同意

② 经她照顾

③ 经她布置

• 没少

① 以前我没少帮他办事。

② 那天我没少喝酒。

③ 这几年我工作没少做，钱也没少赚。

• 尽管

① 如果你有什么问题，就尽管来问我吧。

② 你尽管放心，我会好好儿照顾孩子的。

③ 如果你不信，那你就尽管去试试。

연습 실력이 늘다

◆ 听和说

1 ① 经济学。

② 银行的总务处。

③ 因为这个工作和我的专业不对口。

④ 我想到中国的贸易公司工作。

녹음 대본

　　我对中国的市场经济一直很感兴趣，所以我选择了市场经济作为我大学的专业。本来我想找一份有关中国贸易方面的工作，但是因为我的汉语不太好，所以大学毕业后我来到了一家韩国银行，在那儿的总务处工作。因为这个工作和我的专业不对口，所以我想辞职，然后找一份新的工作。我想到中国的贸易公司工作，想到中国去发挥我的实力。

2 我大学的专业是经济学。现在在银行的总务处工作。我想去中国的贸易公司工作。

◆ 读和说

1 ① ⓒ　　② ⓐ　　③ ⓑ

◆ 想和说

1 A 怎么啦？

　B 复印机卡纸了。

　A 打开这个盖子，把卡住的纸抽出来。

　B 哇，你真了不起！

　A 这算不了什么。以后如果你有什么问题，可以随时来找我。

02 中国人为什么这么喜欢喝茶？

표현 날개를 달다

• 跟……相比

① 那支笔相比 / 贵不少

② 他相比 / 更高

③ 北京相比 / 更大

• 还是

① 坐出租汽车去比较好

② 打乒乓球比较好

③ 问老张比较好

• 동사+个+형용사/동사

① 可要游个痛快

② 高兴得笑个不停

③ 让你吃个饱

• 不……不……也得……吧

① 不穿不穿也得试一下吧

② 不喝不喝也得尝一口吧

③ 不看不看也得翻一下吧

연습 실력이 늘다

◆ 听和说

1 ① 大学生。

② 一年了。

③ 中国菜比较油腻，而且酒喝得太多。

④ 因为喝茶有助于健康。

녹음 대본

相浩来中国一年了，不仅适应了这儿的大学生活，而且对中国文化也有了一定的了解。但是，这一年里相浩胖了不少。相浩觉得这是因为中国菜比较油腻，而且自己喝酒喝得太多。相浩的中国朋友杨明送给他一盒乌龙茶，并告诉他多喝中国茶有助于健康。

2 相浩来中国以后胖了不少。他的中国朋友送给他一盒茶，并劝他要多喝茶。

◆ 读和说

1 ① ⓒ 　　② ⓑ 　　③ ⓐ

◆ 想和说

1 A 今天是金先生的生日。

B 我们送他酒好呢，还是茶好呢？

A 他不喝酒，我们还是送给他茶吧！

B 他喜欢什么茶？

A （他喜欢）乌龙茶。

B 那好，我们送他两斤乌龙茶吧。

03 你能给我介绍介绍中国人的饮食礼仪吗？

표현 날개를 달다

• 少说也

① 我忘在出租车上的手机少说也有十几部。

② 我家附近的网吧少说也有二三十家。

③ 他看起来很高，少说也有一米八。

• 양사(量词)의 중첩

① 个个都长得很漂亮

② 条条大路

③ 顿顿喝

• ……惯

① 用惯了

② 住惯了

③ 看惯了

• 什么……不……的

① 什么辛苦不辛苦的

② 什么漂亮不漂亮的

③ 什么钱不钱的

연습 실력이 늘다

◆ 听和说

1 ① 因为我端着碗吃饭。

② 是懒惰的表现。

③ 韩国的饭碗比中国的大，太重，他端不动。

녹음 대본

我刚到中国时，看到中国人端着碗吃饭感到很奇怪。因为我小时候端着碗吃饭，被妈妈说了一大顿。后来中国朋友告诉我，在中国如果不端起碗吃饭是懒惰的表现。所以，我告诉中国朋友，如果去韩国，一定要把碗放在饭桌上吃饭。中国朋友笑着说："韩国的饭碗比中国的大，太重，我端不动。"

2 在中国，不端着碗吃饭是懒惰的表现。但是在韩国，端着碗吃饭是不礼貌的表现。而且韩国的碗比中国的碗重，端不动。

◆ 读和说

1 ① ⓑ 　　② ⓒ 　　③ ⓐ

◆ 想和说

1 A 需不需要叉子？

B 不用，谢谢。我想学用筷子。

A 那好，我教你怎么用。用大拇指、食指和
中指夹住筷子。

B 啊，原来是这样！

A 对，你做得真好。

04 你猜猜我的血型是什么?

표현 날개를 달다

• 从……来看

① 学习态度

② 款式

③ 内容

• 不见得

① 他也不见得会来

② 他也不见得会答应

③ 可不见得就有人

• 说不定

① 说不定就赶不上车了

② 说不定会下雨

③ 说不定生病了

• 反而……

① 身体反而更好了

② 反而更热了

③ 反而更忙了

연습 실력이 늘다

◆ 听和说

1 ① 他们是一对恋人。

② 因为她想知道自己和男朋友今后的命运如何。

③ 相浩不相信命运，认为命运不是既定的事实。

④ 他们决定一起去看星座。

녹음 대본

民珠很相信迷信。她很爱自己的男朋友相浩，所以很想知道两个人今后的命运如何。今天民珠和相浩一起吃午饭，饭后民珠提议一起去看生辰八字。但是相浩说自己不相信迷信，拒绝了民珠的请求。没办法，民珠只好请求相浩一起去看星座。相浩因为怕民珠失望，所以接受了民珠的请求，但是他对民珠一再强调，命运并不是既定的事实。

2 民珠想和男朋友一起去算命，看看两个人今后的命运如何。可是，男朋友不相信生辰八字，但又怕民珠失望，所以决定和民珠一起去看星座。

◆ 读和说

1 ① ⓑ   ② ⓐ   ③ ⓒ

◆ 想和说

1 A 平时你有事儿的时候，去哪儿祈祷?

B 我去教堂祈祷，你呢?

A 我去寺庙祈祷。

B 哦，前面有算命的。我们去算一算?

A 改天吧，我现在没时间。

05 没想到狗也接受教育！

표현 날개를 달다

• ……不得了

① 高兴得不得了

② 痛得不得了

③ 热得不得了

• 被……所……

① 环境的重要性已经被大家所认识。

② 当时他的心情被大家所理解。

③ 很多观众都被这个(电视)节目所吸引。

• 省得
  ① 省得天天来回跑
  ② 省得父母担心
  ③ 省得迟到，挨批评

• 这不
  ① 我妈这两天又要让我学日语
  ② 吃了以后睡了一会儿就好多了
  ③ 才早上七点，他已经在办公室开始工作了

연습 **실력이 늘다**

◆ 听和说

1 ① 小狗是我男朋友送我的生日礼物。
  ② 因为我的男朋友姓张。
  ③ 因为"阿张"哭了一夜。
  ④ 我打算和男朋友一起带"阿张"去公园散步。

녹음 대본

> 从很久以前我就一直想养一只小狗，上星期我过生日，男朋友送了我一只小狗，我特别高兴。我的男朋友姓张，所以我给小狗起名叫"阿张"。"阿张"第一个晚上，可能是因为想妈妈，哭了一夜，我也一夜没睡。从第二天开始，我带着"阿张"一起睡，从那以后"阿张"夜里再也没哭过，而且喜欢跟我在一起。明天我打算和男朋友一起带"阿张"去公园散步。想到明天男朋友、我和"阿张"将一起度过快乐的时光，我兴奋得一夜没睡。

2 我的男朋友送给我一只小狗。我每天带着小狗一起睡觉，小狗也很喜欢和我在一起。明天我和男朋友一起带小狗去公园散步。

◆ 读和说

1 ① ⓑ   ② ⓐ   ③ ⓒ

◆ 想和说

1 A 你干什么呢？
  B 我在为小狗做衣服。做好了。
  A 哇，真可爱啊！

B 还挺合适。
A 你的手可真巧啊！

06 **복습 I**

회화 **문제로 다지기**

1 男的是新来的职员，他不知道该怎么使用复印机。女职员很亲切地告诉他复印机的使用方法。

2 在中国，人们喜欢端着饭碗吃饭。但在韩国，吃饭的时候不端起饭碗。如果中国人按照中国的习惯在韩国端着碗吃饭，人们会觉得很奇怪。

3 这对年轻人想结婚，可女人结婚前想看一看他们的生辰八字，所以一起来算命。算命先生说他们的命运很好，听到这些话他们俩都很高兴。

4 最近我的朋友正在帮我训练我的小狗，今天我来朋友家看它。看到小狗按照朋友的手势翻跟头，我感到很新奇，我问朋友他是怎么训练的。

어법 **문제로 다지기**

1 ❶ 如果你需要，尽管拿去用吧。
  ❷ 说不定他生病了。
  ❸ 你猜错了。他不仅没谢我，反而对我发脾气。
  ❹ 不了，乌龙茶好喝，我还是喝乌龙茶吧。
  ❺ 从性格来看你像是O型的。

2 ❶ ⓒ   ❷ ⓒ

3 ❶ 应该按照挂在机器旁边的说明书进行操作。
  ❷ 吃饭时不要把筷子插在米饭中。
  ❸ 通过血型不见得就能断定一个人的性格。
  ❹ 教练们都是通过诱导的方式对宠物们进行训练的。
  ❺ 虽然来中国还不到一个星期，但民珠已经适应了这里的生活。

4　❶ 첫 번째 줄의 一大早她就来了公共汽车站
　　　　→ 一大早她就来到了公共汽车站

　　　두 번째 줄의 坐上了开向公司的汽车
　　　　→ 坐上了开往公司的汽车

　　　세 번째 줄의 把她一一介绍了给他们办公室
　　　的所有成员
　　　　→ 把她一一介绍给了他们办公室的所有成员

　　❷ 첫 번째 줄의 也不会喝酒
　　　　→ 但不会喝酒

　　　첫 번째 줄의 这是对她举办的"接风宴"
　　　　→ 这是为她举办的"接风宴"

　　　세 번째 줄의 会感到太尴尬
　　　　→ 不会感到太尴尬

07　你是怎么看待"整容"这个问题的?

表现 날개를 달다

• 在……看来

　① 在外国人看来，汉语方言间有很大的差异。

　② 在我看来，午休时间是可有可无的。

　③ 在老百姓看来，公务员应该为人民服务。

• 在于……

　① 学习汉语的目的在于促进两国人民间的交流。

　② 能不能学好汉语在于你努不努力。

　③ 他失败的原因在于不接受他人的意见。

• 长……短……

　① 薄一件厚一件

　② 长打扮短打扮

　③ 张家长李家短

• 莫非

　① 莫非他已经回韩国了

　② 莫非他生病了

　③ 莫非他还在睡觉

연습 실력이 늘다

◆ 听和说

1　① 因为秀兰不仅变得苗条了，而且脸色看起来也比以前健康得多。

　② 进行有规律的运动和培养自己的业余爱好。

　③ 拥有健康的身体和健康的思想。

　④ 民珠决定从下星期开始学游泳和绘画。

녹음 대본

　　民珠很久没和秀兰见面了，今天她们约好一起吃午饭。没想到，秀兰漂亮了很多，民珠差点儿没认出来。秀兰不仅变得苗条了，而且脸色看起来也比以前健康得多。民珠想秀兰是不是做了整容手术，问秀兰变漂亮的秘诀是什么。秀兰说她的秘诀是进行有规律的运动和培养自己的业余爱好。秀兰认为，健康的身体和健康的思想对一个人是十分重要的。听了秀兰的话，民珠决定从下星期开始学游泳和绘画。

2　民珠很久没有见到秀兰了，其间，秀兰通过进行有规律的运动和培养业余爱好，不仅苗条了不少，也健康了许多。所以民珠决定从下星期开始学游泳和绘画。

◆ 读和说

1　① ⓒ　　　② ⓑ　　　③ ⓐ

◆ 想和说

1　A　你的脸怎么了?

　　B　昨天踢球的时候不小心摔伤了脸。

　　A　去医院看了没有?

　　B　去了，不过医生说有可能会落下疤痕。

　　A　不要太担心，现在整容技术很发达。

　　B　对啊，我怎么没想到!

08 听说你正在准备结婚，够忙的吧?

표현 날개를 달다

• 趁……
　① 趁我不注意
　② 趁还没下起来
　③ 快趁热喝吧

• ……齐
　① 到齐了
　② 上齐了
　③ 准备齐了

• 少不了
　① 少不了聊天和逛街
　② 少不了你
　③ 少不了喝酒

• 别说A，就(是)B也/都
　① 别说白天，就连晚上也热得让人受不了
　② 别说打扮，就连头发也没洗
　③ 别说汽车，就连自行车也没有

연습 실력이 늘다

◆ 听和说

1　① 我们交往三年了。
　　② 房子问题。男朋友想和自己的父母住，但我想先贷款买房。
　　③ 本来我很担心和公公、婆婆住在一起很不方便，可是见到男朋友的父母后，觉得和他们住在一起应该没问题。

녹음 대본

　　我和男朋友在交往三年后，终于决定结婚。但在房子问题上，我和男朋友的看法有些不同。男朋友说先和自己的父母住，等赚够了钱再买房。但已经结婚的朋友告诉我，和公公、婆婆住在一起很不方便，而且关系也会恶化，所以我很担心，想先贷款买一个小一点儿的房子。昨天我第一次去见男朋友的父母，他们很亲切，对我也很热情。所以我改变了想法，觉得和他们住在一起应该没问题。

2　我本来打算结婚以后贷款买房，不和公公、婆婆住在一起，但男朋友不同意。见了男朋友的父母以后，我改变了想法。

◆ 读和说

1　① ⓑ　　　② ⓐ　　　③ ⓒ

◆ 想和说

1　A　你看，我的戒指怎么样，漂亮吧?
　　B　是你买的? 还是别人送的?
　　A　我男朋友向我求婚时，送给我的。
　　B　是嘛? 那你们打算什么时候结婚?
　　A　3月14号。到时你可一定要来啊!
　　B　那当然啦!

09 我也很想了解一下中国人的结婚风俗。

표현 날개를 달다

• ……来
　① 还要三个来小时。
　② 我借了二十来本书。
　③ 我要买二斤来肉。

• 형용사+비교 대상
　① 他大你三岁。
　② 我高他十厘米。
　③ 他跑得快我一圈儿。

- 该多……啊

① 如果是这样，该多让人高兴啊！

② 春天去北海公园，该多好玩儿啊！

③ 要是他们都来，该多热闹啊！

- ……吧……，……吧……

① 跟他说吧，怕他失望，不说吧，又怕他误会。

② 去吧，对不起父母，不去吧，对不起朋友。

③ 不给钱吧，不好意思，给钱吧，又给不起。

연습 실력이 늘다

◆ 听和说

1 ① 她是中国人。

② 他们交往两年后决定结婚的。

③ 丽丽比相敏大一岁。

④ 将于下个月在首尔举行婚礼。

녹음 대본

今天相敏给大家介绍他的未婚妻丽丽。丽丽是中国人，相敏是在北京分公司工作的时候认识的丽丽，他们交往已经两年了。丽丽看起来比相敏小，其实比相敏大一岁。婚礼将于下个月在首尔按照韩国传统的方式进行。到时相敏的几个中国朋友将要参加他们的婚礼，为他们祝福。

2 相敏和丽丽是在公司里认识的，他们交往两年后决定结婚。丽丽看起来比相敏小，但实际上比相敏大一岁。下个月相敏的中国朋友们打算到首尔参加他的婚礼。

◆ 读和说

1 ① ⓒ　　② ⓑ　　③ ⓐ

◆ 想和说

1 A 我下个月结婚，到时候你一定要来。

B 那当然啦！听说新郎是外国人？

A 嗯，是韩国人。

B 你们怎么认识的？

A 上大学的时候，他教过我韩语。

B 哦，原来是这样。

A 周末如果你有时间，我请你吃饭，给你介绍一下。

10 想要男孩儿还是女孩儿?

표현 날개를 달다

- 一……比一……

① 一年比一年

② 一天比一天

③ 一次比一次

- 对……来说

① 对韩国队来说是非常重要的

② 对我来说，实在是太难了

③ 对我来说，健康最重要

- 每

① 每上一道菜

② 每吃一道菜，就换一次盘子

③ 每到春节

- 至于……

① 至于汉语，一点都不会

② 至于他们后来是否结婚，我也不清楚

③ 至于我看过的电影有多少

연습 실력이 늘다

◆ 听和说

1 ① 是爷爷给我起的名字。

② 因为我是在春天出生的，而且春天是万物开始生长的季节。

③ 因为"东"在四个方向中是起始方向，相当于四季中的春季。

④ 我的名字象征着生命力，意味着起始。

我叫"金东春"，"东边"的"东"，"春天"的"春"。这是爷爷给我起的名字。因为我是在春天出生的，而春天是万物开始生长的季节，所以爷爷取了"春天"的"春"字。又因为"东"在四个方向中是起始方向，相当于四季中的春季，所以爷爷又选了"东"字。根据爷爷的说法，我的名字象征着生命力，意味着起始，所以我很喜欢我的名字。

2 我叫"金东春"，这个名字是我爷爷给我起的。因为我是在春天出生的，而"春"又是万物开始生长的季节。"东"在四个方向中是起始方向，相当于四季中的"春"。

◆ 读和说

1 ① ⓒ　　　② ⓐ　　　③ ⓑ

◆ 想和说

1 A 有没有什么想吃的？
　　B 我想吃桔子。
　　A 那好，我马上去买。
　　…………
　　A 桔子买回来了，快来吃。
　　B 谢谢。……真对不起，吃了一口，就想吐。

⑪ 中国男人比韩国男人多做不少家务。

표현 날개를 달다

• 多+동사+비교 수량

① 多喝了两杯
② 早到了一个小时
③ 多买了三本杂志

• 再……也……

① 你再怎么解释，他们也不会懂的。
② 票已经卖光了，你再有钱，也买不到票。
③ 我再怎么努力也考不上大学。

• 否则……

① 否则妈妈会着急的
② 否则会赶不上火车的
③ 否则会被雨淋湿的

• 一来……，二来……

① 大家都走不动了，一来，天气很热，二来，大家都没吃早饭。
② 他今天特别高兴，一来，今天是他的生日，二来，他找到了工作。
③ 一来，今天是星期天，二来，时间太早，所以路上人很少。

연습 실력이 늘다

◆ 听和说

1 ① 因为东浩亲自下厨为民珠做中国菜。
　　② 跟东浩学会了不少韩国菜。
　　③ 她觉得韩国的男人太"大男子主义"。
　　④ 是一个"刚中有柔"的男人。

今天民珠去东浩家玩儿，东浩亲自下厨为民珠做中国菜，真让民珠大吃一惊。东浩的妻子告诉民珠，东浩主动学做中国菜，而且常常下厨给家人做可口的饭菜。东浩的妻子也跟东浩学会了不少韩国菜。这以前，东浩的妻子觉得韩国的男人太"大男子主义"，但认识东浩以后才发现自己的丈夫"刚中有柔"，感到十分幸福。

2 民珠去东浩家玩儿，看到东浩亲自下厨做饭，大吃一惊。东浩的妻子告诉民珠，认识东浩以前自己觉得韩国的男人太"大男子主义"，认识东浩以后才发现韩国的男人"刚中有柔"。

◆ 读和说

1 ① ⓑ　　　② ⓐ　　　③ ⓒ

◆ 想和说

1 A 哇！这么大的一个蛋糕！今天是你的生日？
　　B 不是，今天是我结婚一周年的纪念日。

A 新婚生活怎么样？

B 非常幸福！

A 你爱人对你怎么样？平时做不做家务？

B 我爱人对我可好了！打扫房间、做饭，都是他一个人做。

A 真羡慕你！我也想找个好男人快点结婚。

12 복습 II

회화 문제로 다지기

1 民珠9月28日结婚。她打算9月20日预订酒席，21日搬家，23日购买电视和冰箱。

2 马玲给秀兰介绍了一个男朋友。俩人一见钟情，但这位男青年因为太害羞，不敢抬头看秀兰。

3 医生给她做检查。她和她爱人看着电脑屏幕上的小孩儿幸福地笑了。她爱人希望他们能有一个女儿。

4 王宏伟正在和他爱人一起做家务。王宏伟正背着孩子打扫房间，他爱人在厨房做饭。

어법 문제로 다지기

1 ❶ 我从来没做过整容手术。

❷ 我来韩国已经两年多了。

❸ 我看，再怎么劝也没用。

❹ 趁国庆节放假去国外度蜜月。

❺ 这儿一天比一天冷。

2 ❶ ⓒ   ❷ ⓑ

3 ❶ 我听说很多人都做过整容手术。

❷ 这个比那个便宜一百块钱。

❸ 你应该比我多喝点儿。

❹ 你不要把买房的责任都放到自己身上。

❺ 每个人都希望我能早点儿回来。
／我希望每个人能早点儿回来。

4 ❶ 두 번째 줄의 向孩子的影响
→ 对孩子的影响

두 번째 줄의 合适自己的妆扮
→ 适合自己的妆扮

네 번째 줄의 又能让孩子受益终身
→ 而且能让孩子受益终身

❷ 첫 번째 줄의 开始了走进人们的生活
→ 开始走进人们的生活

두 번째 줄의 变成必不可少
→ 变得必不可少

세 번째 줄의 由物质所迷惑
→ 被物质所迷惑

美化	měihuà	88(7과)
迷惑	míhuò	68(5과)
迷信	míxìn	56(4과)
米	mǐ	32(2과)
勉强	miǎnqiǎng	32(2과)
面对面	miànduìmiàn	44(3과)
苗条	miáotiao	32(2과)
名牌	míngpái	112(9과)
明星	míngxīng	88(7과)
命运	mìngyùn	56(4과)
莫非	mòfēi	88(7과)
陌生	mòshēng	88(7과)
目睹	mùdǔ	68(5과)

N

男尊女卑	nán zūn nǚ bēi	124(10과)
内心	nèixīn	88(7과)
年代	niándài	100(8과)
宁可	nìngkě	136(11과)
农活	nónghuó	124(10과)
弄	nòng	44(3과)
女性	nǚxìng	136(11과)

P

排场	páichǎng	112(9과)
泡	pào	32(2과)
培养	péiyǎng	124(10과)
配合	pèihé	32(2과)
烹饪	pēngrèn	136(11과)
脾气	píqi	56(4과)
频率	pínlǜ	124(10과)

品茶	pǐnchá	32(2과)
平等	píngděng	100(8과)
平衡	pínghéng	124(10과)
葡萄酒	pútáojiǔ	32(2과)

Q

妻子	qīzi	136(11과)
齐	qí	100(8과)
起名	qǐmíng	124(10과)
起身	qǐshēn	44(3과)
气氛	qìfēn	20(1과)
卡	qiǎ	20(1과)
千家万户	qiānjiā wànhù	100(8과)
谦让	qiānràng	56(4과)
强调	qiángdiào	32(2과)
亲戚	qīnqi	112(9과)
亲切	qīnqiè	44(3과)
亲眼	qīnyǎn	68(5과)
亲自	qīnzì	136(11과)
情感	qínggǎn	68(5과)
取得	qǔdé	56(4과)

R

绕	rào	112(9과)
热闹	rènao	44(3과)
热情	rèqíng	20(1과)
人命	rénmìng	68(5과)
人生	rénshēng	20(1과)
人性	rénxìng	68(5과)
认可	rènkě	112(9과)
认同	rèntóng	136(11과)

未来	wèilái	88(7과)
位置	wèizhi	20(1과)
温顺	wēnshùn	56(4과))
温文尔雅	wēnwén ěryǎ	88(7과)
闻	wén	32(2과)
吻合	wěnhé	56(4과)
乌龙茶	wūlóngchá	32(2과)
无酒不成席	wú jiǔ bù chéng xí	32(2과)
无所谓	wúsuǒwèi	124(10과)
五境之美	wǔ jìng zhī měi	32(2과)
物质	wùzhì	100(8과)

최신
개정

다락원
중국어
마스터

박정구·백은희·마원나·샤오잉 공저

워크북

이름:

STEP

다락원

최신
개정

다락원
중국어
마스터

박정구·백은희·마원나·샤오잉 공저

워크북

STEP 5

다락원

다락원 홈페이지에서 MP3 파일
다운로드 및 실시간 재생 서비스

최신개정
다락원 중국어 마스터 STEP **5**
•워크북•

지은이 박정구, 백은희, 마원나, 샤오잉
펴낸이 정규도
펴낸곳 (주)다락원

기획·편집 오혜령, 이상윤
디자인 구수정, 이승현
일러스트 최석현

다락원 경기도 파주시 문발로 211
전화 (02)736-2031 (내선 250~252 / 내선 430, 435)
팩스 (02)732-2037
출판등록 1977년 9월 16일 제406-2008-000007호

정가 17,000원 (본서+워크북+MP3 다운로드)
ISBN 978-89-277-2304-2 14720
        978-89-277-2287-8 (set)

www.darakwon.co.kr
다락원 홈페이지를 방문하시면 상세한 출판 정보와 함께 동영상 강좌, MP3 자료 등 다양한 어학 정보를 얻으실 수 있습니다.

이 책의 구성과 활용법

예습하기

본문을 배우기 앞서 각 과에 나오는 단어를 써 보며 예습하는 코너입니다. 여러 번 쓰고 발음해 보는 연습 과정을 통해 단어를 암기해 보세요.

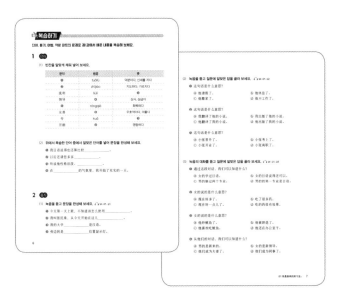

복습하기

본문의 단어·듣기·어법·작문의 네 가지 영역별 문제풀이를 통해 각 과에서 배운 내용을 복습해 보세요.

플러스 단어

각 과의 주제와 연관된 단어를 배우며 어휘량을 늘리고 자유로운 회화 표현을 구사해 보세요.

* 워크북의 정답 및 녹음 대본은 다락원 홈페이지(www.darakwon.co.kr)의 '학습자료 ▶ 중국어'에서 다운로드 받으실 수 있습니다.

차례

我是新来的实习生。

저는 새로 온 인턴사원입니다.

예습하기

다음은 제1과에 나오는 단어입니다. 각 단어를 여러 번 써 보며 한어병음과 의미를 익혀 보세요.

电源
diànyuán 전원

预热
yùrè 예열하다

显示
xiǎnshì 나타내다, 표시

复印
fùyìn 복사하다

卡
qiǎ 걸리다, 끼다

位置
wèizhi 위치

随便
suíbiàn 함부로, 아무렇게나

操作
cāozuò 조작하다, 다루다

托福
tuōfú 덕분이다, 신세를 지다

指教
zhǐjiào 지도하다, 가르치다

性格
xìnggé 성격

活泼
huópō 활발하다

开朗
kāilǎng 명랑하다

夸
kuā 칭찬하다

流利
liúlì 유창하다, 막힘이 없다

尽管
jǐnguǎn 비록 ~하더라도, ~에도 불구하고

兴奋
xīngfèn 흥분하다

领导
lǐngdǎo 상사, 상급자

办公室
bàngōngshì 사무실

热情
rèqíng 친절하다

友善
yǒushàn 우호적이다, 의좋다

融洽
róngqià 화목하다

气氛
qìfēn 분위기

充实
chōngshí 충만하다

具有
jùyǒu 있다, 지니다

人生
rénshēng 인생

단어. 듣기. 어법. 작문 파트의 문제로 제1과에서 배운 내용을 복습해 보세요.

1 단어

(1) 빈칸을 알맞게 채워 넣어 보세요.

한자	병음	뜻
❶	tuōfú	덕분이다, 신세를 지다
❷	zhǐjiào	지도하다, 가르치다
流利	liúlì	❸
领导	❹	상사, 상급자
❺	róngqià	화목하다
友善	❻	우호적이다, 의좋다
夸	kuā	❼
开朗	❽	명랑하다

(2) 위에서 복습한 단어 중에서 알맞은 단어를 넣어 문장을 완성해 보세요.

❶ 我日语说得也还算比较_____。

❷ 以后还请您多多_____。

❸ 听说他性格活泼、_____。

❹ 在_____的气氛里，我开始了充实的一天。

2 듣기

(1) 녹음을 듣고 문장을 완성해 보세요. 🎧 W-01-01

❶ 今天第一天上班，不知道该怎么使用_____。

❷ 我叫张民珠，从今天开始在这儿_____。

❸ 我的大学_____是汉语。

❹ 旁边的是_____位置显示灯。

(2) **녹음을 듣고 질문에 알맞은 답을 골라 보세요.** 🎧 W-01-02

❶ 这句话是什么意思?

ⓐ 他请假了。　　　　　　　ⓑ 他休息了。
ⓒ 他搬家了。　　　　　　　ⓓ 他不工作了。

❷ 这句话是什么意思?

ⓐ 我翻译了他的小说。　　　ⓑ 我出版了他的小说。
ⓒ 他翻译了我的小说。　　　ⓓ 他出版了我的小说。

❸ 这句话是什么意思?

ⓐ 小张晋升了。　　　　　　ⓑ 小张考上了。
ⓒ 小张开业了。　　　　　　ⓓ 小张离职了。

(3) **녹음의 대화를 듣고 질문에 알맞은 답을 골라 보세요.** 🎧 W-01-03

❶ 通过这段对话，我们可以知道什么?

ⓐ 女的学过日语。　　　　　ⓑ 女的日语说得还可以。
ⓒ 男的修过两个专业。　　　ⓓ 男的的第一专业是日语。

❷ 女的说的是什么意思?

ⓐ 现在好多了。　　　　　　ⓑ 吃了很多药。
ⓒ 现在好一点儿了。　　　　ⓓ 吃的药很有效果。

❸ 女的说的是什么意思?

ⓐ 他炒鱿鱼了。　　　　　　ⓑ 他被辞退了。
ⓒ 他喜欢吃鱿鱼。　　　　　ⓓ 他还在办公室干。

❹ 从他们的对话，我们可以知道什么?

ⓐ 男的是新来的。　　　　　ⓑ 女的是新领导。
ⓒ 他们成为夫妻了。　　　　ⓓ 他们成为同事了。

3 어법

(1) 다음 단문을 읽고 빈칸에 들어갈 단어를 순서대로 나열한 것을 골라 보세요.

❶ 今天是上班的第一天，所以民珠_____兴奋，又紧张。一大早她就来
到了公共汽车站，_____了开往公司的汽车。她一边欣赏路边的风景，
一边想应该怎样在新领导和新同事面前做_____介绍。

ⓐ 都　　　开车　　　个人
ⓑ 也　　　出发　　　自己
ⓒ 既　　　坐上　　　自我
ⓓ 再　　　走上　　　各自

❷ 到了办公室，科长把她_____介绍给了他们办公室的所有成员，大家
都很热情也很友善。在融洽的气氛里，民珠开始了充实而_____挑战
性的一天。民珠希望在公司工作的这一年时间，会_____她人生最幸
福的一段时间。

ⓐ 个个　　　具备　　　完成
ⓑ 一一　　　具有　　　变成
ⓒ 个个　　　具备　　　作为
ⓓ 一一　　　具有　　　成为

(2) 다음 중 어법적으로 오류가 있는 문장을 골라 보세요.

ⓐ 先开开电源，进行预热，预热以后，会出现可以复印信号。
ⓑ 如果这里出现红色信号，说明出现了"卡纸"现象。
ⓒ 从今天开始在这儿实习，实习期为一年。
ⓓ 以后你有什么不知道的，不管问我吧。

4 작문

(1) **다음을 바르게 배열하여 문장을 완성해 보세요.**

❶ 他 / 另一个 / 在 / 工作 / 现在 / 部门

→ _____ 。

❷ 你 / 一员 / 欢迎 / 本公司 / 成为 / 的

→ _____ 。

❸ 他 / 开 / 商店 / 近期 / 打算 / 一家

→ _____ 。

❹ 他 / 流利 / 说 / 比较 / 日语 / 得

→ _____ 。

❺ 我 / 的 / 想办法 / 帮助你 / 一定 / 会

→ _____ 。

(2) **괄호 안의 표현을 활용하여 다음 우리말을 중국어로 바꿔 보세요.**

❶ 류 처장님이 저희 앞에서 여러 번 당신을 칭찬하셨어요. (没少)

→ _____ 。

❷ 앞으로 도움이 필요한 일이 있으면 얼마든지 저에게 말씀하세요. (尽管)

→ _____ 。

❸ 우리 밥을 먼저 먹고 나서 숙제하자. (先……然后……)

→ _____ 。

❹ 저는 그의 소개를 통해서 김 선생님을 알게 된 겁니다. (经)

→ _____ 。

❺ 그는 노래를 들으면서 소설을 본다. (一边……一边……)

→ _____ 。

플러스 단어

제1과와 관련된 단어를 추가로 익혀 보세요! 🎧 W-01-04

- **传真** chuánzhēn 팩스
- **保险柜** bǎoxiǎnguì 금고, 캐비닛
- **沙发** shāfā 소파

- **衣架** yījià 옷걸이
- **图章** túzhāng 도장
- **加湿器** jiāshīqì 가습기

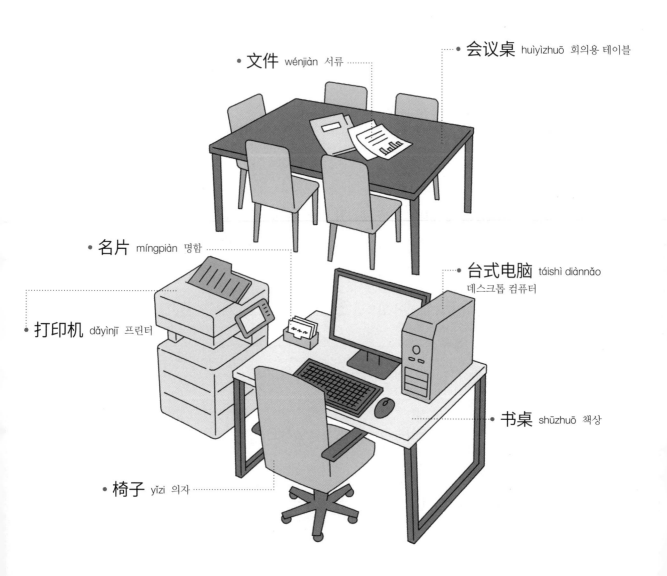

- **文件** wénjiàn 서류
- **会议桌** huìyìzhuō 회의용 테이블
- **名片** míngpiàn 명함
- **台式电脑** táishì diànnǎo 데스크톱 컴퓨터
- **打印机** dǎyìnjī 프린터
- **书桌** shūzhuō 책상
- **椅子** yǐzi 의자

02 中国人为什么这么喜欢喝茶?

중국인은 왜 이렇게 차 마시는 걸 좋아하나요?

 예습하기

다음은 제2과에 나오는 단어입니다. 각 단어를 여러 번 써 보며 한어병음과 의미를 익혀 보세요.

好像
hǎoxiàng 마치 ~인 것 같다

泡
pào 물에 담가 두다

壶
hú 주전자

闻
wén 냄새를 맡다

柴
chái 장작, 땔감

苗条
miáotiao 날씬하다

有关
yǒuguān 관계가 있다, 관련이 있다

分解
fēnjiě 분해하다

脂肪
zhīfáng 지방

品茶
pǐnchá (차를) 마시다, 음미하다

心情
xīnqíng 심정, 감정, 마음

茶道
chádào 다도

知识
zhīshi 지식

火候
huǒhou 불의 상태

茶具
chájù 다구

条件
tiáojiàn 조건

要素
yàosù 요소

配合
pèihé 어울리다, 짝이 맞다

享受
xiǎngshòu 누리다, 즐기다

聚餐
jùcān 회식하다

强调
qiángdiào 강조하다

举办
jǔbàn 개최하다, 거행하다

葡萄酒
pútáojiǔ 포도주, 와인

勉强
miǎnqiǎng 강요하다

感到
gǎndào 느끼다, 여기다

尴尬
gāngà 난처하다

단어. 듣기. 어법. 작문 파트의 문제로 제2과에서 배운 내용을 복습해 보세요.

1 단어

(1) 빈칸을 알맞게 채워 넣어 보세요.

한자	병음	뜻
❶	hǎoxiàng	마치 ~인 것 같다
❷	wén	냄새를 맡다
有关	yǒuguān	❸
享受	❹	누리다, 즐기다
举办	jǔbàn	❺
勉强	miǎnqiǎng	❻
尴尬	❼	난처하다
品茶	pǐnchá	❽

(2) 위에서 복습한 단어 중에서 알맞은 단어를 넣어 문장을 완성해 보세요.

❶ 这件事让我感到很_____。

❷ 如果他不想参加，别_____他。

❸ 中国人苗条跟喝茶_____吗?

❹ 今年我们学校_____了一次国际会议。

2 듣기

(1) 녹음을 듣고 문장을 완성해 보세요. 🎧 W-02-01

❶ 龙井茶跟乌龙茶_____，尖尖的、怪怪的。

❷ 中国_____有这样一句话。

❸ 茶有分解_____的作用。

❹ 没想到你对"茶"很有_____。

(2) **녹음을 듣고 질문에 알맞은 답을 골라 보세요.** 🎧 W-02-02

❶ 这句话是什么意思?

ⓐ 你不能喝茶。　　　　　　ⓑ 你可以喝茶了。
ⓒ 你可以帮我泡茶。　　　　ⓓ 我不想再喝茶了。

❷ 这句话是什么意思?

ⓐ 人们应该天天喝茶。　　　　ⓑ 茶改变了人们的生活方式。
ⓒ 茶在生活中是十分重要的。　ⓓ 喝茶和身体健康有很大的关系。

❸ 这句话是什么意思?

ⓐ 宴会时应该喝酒。　　　　　　ⓑ 宴会时不应该喝太多。
ⓒ 认识这么久了应该一起喝酒。　ⓓ 认识这么久了可以不喝酒。

(3) **녹음의 대화를 듣고 질문에 알맞은 답을 골라 보세요.** 🎧 W-02-03

❶ 女的说的是什么意思?

ⓐ 她买过好多次茶叶。　　ⓑ 应该先看茶叶的色泽。
ⓒ 茶叶只能看,不能摸。　ⓓ 她对茶叶非常了解。

❷ 女的说的是什么意思?

ⓐ 她已经喝醉了。　　ⓑ 现在不想喝酒。
ⓒ 她刚才喝了一杯。　ⓓ 她不太会喝酒。

❸ 女的说的是什么意思?

ⓐ 今天风太大了。　　　　ⓑ 她想一起吃饭。
ⓒ 她不能去参加宴会了。　ⓓ 她不能马上出发。

❹ 女的说的是什么意思?

ⓐ 这本书太难了。　　　　ⓑ 我不想用这本书学习。
ⓒ 不应该用这本书教学生。　ⓓ 这本书的水平有点儿高。

3 어법

(1) 다음 단문을 읽고 빈칸에 들어갈 단어를 순서대로 나열한 것을 골라 보세요.

❶ 第一壶茶叫"_____"，是用来热杯的，不喝，但可以_____茶香。喝茶又叫"_____"，一边慢慢儿地喝，一边谈话，让大家的心情更加轻松、愉快。

    ⓐ 泡茶   看一看   谈茶
    ⓑ 热茶   尝一尝   闻茶
    ⓒ 洗茶   闻一闻   品茶
    ⓓ 洗茶   看一看   闻茶

❷ 中国的茶道_____"五境之美"，也就是茶叶、茶水、火候、茶具和环境，这里的_____是指心情等条件。通过这五种要素的配合，可以达到"味"和"心"的最高_____。

    ⓐ 讲究   环境   享受
    ⓑ 不顾   茶叶   了解
    ⓒ 感到   火候   满意
    ⓓ 讲究   茶叶   满意

(2) 다음 중 어법적으로 오류가 있는 문장을 골라 보세요.

    ⓐ 这本书跟其他三本比起来，内容难了一些。
    ⓑ 今天有点儿热，我们还是喝冰咖啡吧。
    ⓒ 大家不仅要吃了饱，还要喝了够。
    ⓓ 这个蛋糕是我女朋友买来的，不吃不吃也得尝一口吧。

4 작문

(1) **다음을 바르게 배열하여 문장을 완성해 보세요.**

❶ 应该 / 多 / 我 / 一点儿 / 那 / 喝

→ _____ 。

❷ 有没有 / 你 / 杯子 / 这儿 / 大一点儿的

→ _____ 。

❸ 中国茶的 / 介绍 / 种类 / 请 / 给我 / 一下 / 吧

→ _____ 。

❹ 像 / 尴尬 / 感到 / 她 / 不会 / 喝酒的人 / 太 / 这样 / 不会

→ _____ 。

❺ 说 / 医学上 / 茶 / 作用 / 有 / 分解 / 体内脂肪的

→ _____ 。

(2) **괄호 안의 표현을 활용하여 다음 우리말을 중국어로 바꿔 보세요.**

❶ 베이징은 타이베이와 비교해서 면적이 넓고 인구가 많다. (跟……相比)

→ _____ 。

❷ 네가 중국어를 잘하니 네가 말해라. (还是)

→ _____ 。

❸ 아이들이 나가서 한번 즐겁게 놀도록 해라. (동사+个+형용사)

→ _____ 。

❹ 노래방에 온 이상, 안 불러도 한 곡은 불러야지. (不……不……也得……)

→ _____ 。

❺ 나는 그보다 한 시간 먼저 도착했다. (比……早……)

→ _____ 。

제2과와 관련된 단어를 추가로 익혀 보세요! W-02-04

- 玻璃杯 bōlibēi 유리컵
- 马克杯 mǎkèbēi 머그컵
- 餐巾纸 cānjīnzhǐ 냅킨

- 吸管 xīguǎn 빨대
- 蛋糕 dàngāo 케이크
- 黄油 huángyóu 버터

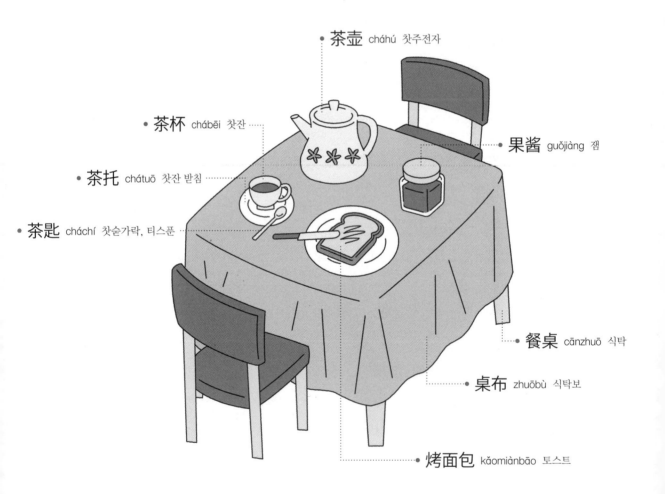

茶壶 cháhú 찻주전자

茶杯 chábēi 찻잔

茶托 chátuō 찻잔 받침

茶匙 cháchí 찻숟가락, 티스푼

果酱 guǒjiàng 잼

餐桌 cānzhuō 식탁

桌布 zhuōbù 식탁보

烤面包 kǎomiànbāo 토스트

03 你能给我介绍介绍中国人的饮食礼仪吗?

중국인의 식사 예절에 대해 소개 좀 해 주실래요?

 예습하기

다음은 제3과에 나오는 단어입니다. 각 단어를 여러 번 써 보며 한어병음과 의미를 익혀 보세요.

精致
jīngzhì 정교하다, 세밀하다

可口
kěkǒu 맛있다, 입에 맞다

面对面
miànduìmiàn 얼굴을 맞대다

亲切
qīnqiè 친절하다

热闹
rènao 떠들썩하다, 북적거리다

响声
xiǎngshēng 소리

筷子
kuàizi 젓가락

夹
jiā 집다

端
duān 받쳐들다, 들다

勺子
sháozi 숟가락, 국자, 주걱

指指点点
zhǐzhidiǎndiǎn 손가락질하다

翻动
fāndòng 뒤집다

祭祖
jìzǔ 제사를 지내다

惯
guàn 습관이 되다, 익숙해지다

吐
tǔ 내뱉다, 토하다

扔掉
rēngdiào 버리다

主座
zhǔzuò 상석

买单
mǎidān 돈을 내다, 계산하다

主宾
zhǔbīn 주빈

分别
fēnbié 각각, 따로따로

失礼
shīlǐ 실례하다, 예의에 어긋나다

起身
qǐshēn 일어나다

走动
zǒudòng 움직이다

打招呼
dǎ zhāohu 알리다, 인사하다

此外
cǐwài 이외에

适时
shìshí 시기가 적절하다

복습하기

단어. 듣기. 어법. 작문 파트의 문제로 제3과에서 배운 내용을 복습해 보세요.

1 단어

(1) 빈칸을 알맞게 채워 넣어 보세요.

한자	병음	뜻
可口	❶	맛있다, 입에 맞다
筷子	kuàizi	❷
夹	❸	집다
指指点点	zhǐzhidiǎndiǎn	❹
❺	qǐshēn	일어나다
打招呼	❻	알리다, 인사하다
❼	zǒudòng	움직이다
❽	shìshí	시기가 적절하다

(2) 위에서 복습한 단어 중에서 알맞은 단어를 넣어 문장을 완성해 보세요.

❶ 道道菜都精致＿＿＿＿＿＿＿。

❷ 除了喝汤之外，都用＿＿＿＿＿＿＿。

❸ ＿＿＿＿＿＿＿菜时每次不要过多。

❹ 如果有什么事，要向主人＿＿＿＿＿＿＿。

2 듣기

(1) 녹음을 듣고 문장을 완성해 보세요. 🎧 W-03-01

❶ 你能给我介绍介绍中国人的饮食＿＿＿＿＿＿＿吗?

❷ 大家面对面吃饭，更亲切、更＿＿＿＿＿＿＿。

❸ 吃米饭时不能用筷子，要用＿＿＿＿＿＿＿。

❹ 不要把筷子＿＿＿＿＿＿＿在米饭中。

(2) **녹음을 듣고 질문에 알맞은 답을 골라 보세요.** 🎧 W-03-02

❶ 这句话是什么意思?

ⓐ 感冒的学生很少。　　　　　ⓑ 没感冒的学生更多。

ⓒ 感冒的学生不到二十个。　　ⓓ 感冒的学生有二十多个。

❷ 这句话是什么意思?

ⓐ 我想住在这个地方。　　　　ⓑ 我不喜欢这个地方。

ⓒ 我搬到了这个地方。　　　　ⓓ 我对这儿的生活已经习惯了。

❸ 这句话是什么意思?

ⓐ 我们班同学都是篮球迷。　　ⓑ 我们班有一个同学是篮球迷。

ⓒ 我们班有几个同学是篮球迷。ⓓ 我们班有很多同学都是篮球迷。

(3) **녹음의 대화를 듣고 질문에 알맞은 답을 골라 보세요.** 🎧 W-03-03

❶ 从他们的对话, 我们可以知道什么?

ⓐ 喝汤时用筷子。　　　　　　ⓑ 吃米饭时用筷子。

ⓒ 什么时候都要用筷子。　　　ⓓ 用不用筷子都可以。

❷ 女的说的是什么意思?

ⓐ 你不用给我钱。　　　　　　ⓑ 我忘了给你钱了。

ⓒ 我不知道多少钱。　　　　　ⓓ 你别忘了给我钱。

❸ 女的说的是什么意思?

ⓐ 中国人也侧身掩面。　　　　ⓑ 中国人不用侧身掩面。

ⓒ 中国人不在长辈面前喝酒。　ⓓ 在中国, 长辈侧身掩面喝酒。

❹ 从他们的对话, 我们可以知道什么?

ⓐ 男的是韩国人。　　　　　　ⓑ 女的是中国人。

ⓒ 男的边吃饭边喝汤。　　　　ⓓ 他们不是同一个国家的人。

3 어법

(1) 다음 단문을 읽고 빈칸에 들어갈 단어를 순서대로 나열한 것을 골라 보세요.

❶ 在中国的饮食礼仪中，坐在哪里非常重要。主座是_____门口最远的正中央位置，坐主座的一定是买单的人。主宾和副主宾_____坐在主人的右边和左边。让客人和主人面对而坐，或让客人坐在主座上都_____失礼。

ⓐ 在　　　分别　　　当
ⓑ 离　　　分别　　　算
ⓒ 在　　　个个　　　当
ⓓ 离　　　个个　　　算

❷ 客人坐好后不要动筷子，_____不要发出什么响声，也不要起身走动。如果有什么事，要向主人打招呼。吃饭时，如果要给客人夹菜，最好用公筷。_____，还要适时地和左右的人聊聊天。离开时，客人必须_____主人表示感谢。

ⓐ 更　　　此外　　　向
ⓑ 再　　　另外　　　向
ⓒ 更　　　另外　　　对
ⓓ 再　　　此外　　　对

(2) 다음 중 어법적으로 오류가 있는 문장을 골라 보세요.

ⓐ 你把它应该放到纸里扔掉。
ⓑ 每次都是你掏钱，真不好意思。
ⓒ 吃饭时不要用筷子向人指指点点。
ⓓ 这个周末一个中国朋友请我到他家做客。

4 작문

(1) 다음을 바르게 배열하여 문장을 완성해 보세요.

❶ 筷子 / 后 / 坐 / 不要 / 动 / 好

→ _____ 。

❷ 不要 / 多 / 夹菜 / 每次 / 过 / 时

→ _____ 。

❸ 筷子 / 人 / 指指点点 / 用 / 不要 / 向

→ _____ 。

❹ 不端起 / 韩国 / 在 / 吃饭 / 饭碗

→ _____ 。

❺ 就 / 饭碗 / 不满意 / 不端起 / 饭桌上的菜 / 表示 / 对

→ _____ 。

(2) 괄호 안의 표현을 활용하여 다음 우리말을 중국어로 바꿔 보세요.

❶ 우리 반에는 적어도 10명의 외국 학생이 있다. (少说也有)

→ _____ 。

❷ 나는 아직도 중국 음식 먹는 게 익숙하지 않다. (……惯)

→ _____ 。

❸ 책을 볼 때를 제외하면 나는 안경을 쓰지 않는다. (除了……之外)

→ _____ 。

❹ 아버지만 내가 출국하는 것에 동의하셨다. (只有)

→ _____ 。

❺ 그가 주문한 음식은 모두 아주 맛있다. (道道)

→ _____ 。

제3과와 관련된 단어를 추가로 익혀 보세요! 🎧 W-03-04

- 水壶 shuǐhú 주전자
- 酒杯 jiǔbēi 술잔
- 起子 qǐzi 병따개, 오프너
- 筛子 shāizi 체
- 甜 tián 달다

- 苦 kǔ 쓰다
- 酸 suān 시다
- 咸 xián 짜다
- 辣 là 맵다
- 麻辣 málà 혀가 얼얼할 정도로 맵다

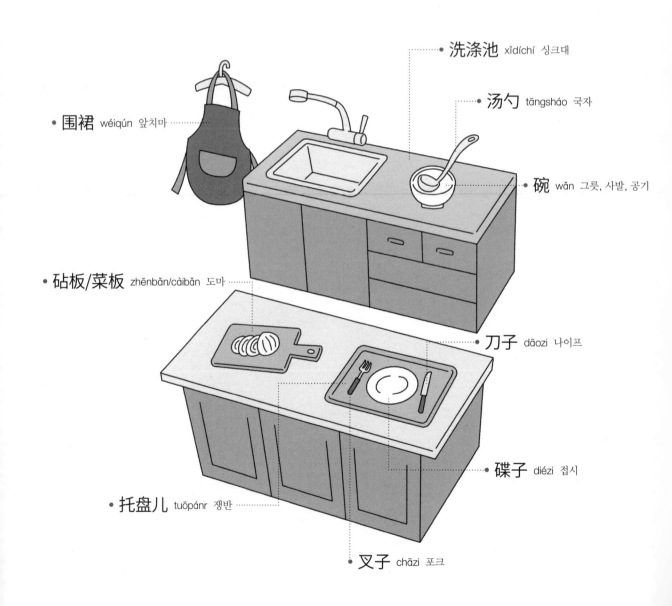

- 洗涤池 xǐdíchí 싱크대
- 汤勺 tāngsháo 국자
- 碗 wǎn 그릇, 사발, 공기
- 围裙 wéiqún 앞치마
- 砧板/菜板 zhēnbǎn/càibǎn 도마
- 刀子 dāozi 나이프
- 碟子 diézi 접시
- 托盘儿 tuōpánr 쟁반
- 叉子 chāzi 포크

04 你猜猜我的血型是什么?

내 혈액형이 뭔지 알아맞혀 볼래요?

 예습하기

다음은 제4과에 나오는 단어입니다. 각 단어를 여러 번 써 보며 한어병음과 의미를 익혀 보세요.

猜
cāi 알아맞히다, 추측하다

命运
mìngyùn 운명

血型
xuèxíng 혈액형

推测
tuīcè 예측하다, 추측하다

温顺
wēnshùn 온순하다

风水
fēngshuǐ 풍수

体贴
tǐtiē 자상하게 대하다

禁止
jìnzhǐ 금지하다

果断
guǒduàn 과감하다, 결단력이 있다

网站
wǎngzhàn 웹사이트

刚毅
gāngyì (성격이나 의지가) 굳다, 단단하다

状况
zhuàngkuàng 상황, 형편

要强
yàoqiáng 승부욕이 강하다

吻合
wěnhé 들어맞다, 일치하다

不见得
bújiàndé 반드시 ~한 것은 아니다

相符
xiāngfú 부합하다, 서로 일치하다

断定
duàndìng 단정하다, 결론을 내리다

取得
qǔdé 취득하다, 얻다

星座
xīngzuò 별자리

长寿
chángshòu 장수하다, 오래 살다

准确
zhǔnquè 정확하다, 확실하다

倔强
juéjiàng 강하고 고집이 세다

说不定
shuōbudìng ~일지도 모른다, 단언하기가 어렵다

脾气
píqi 성격, 기질

勇敢
yǒnggǎn 용감하다

谦让
qiānràng 양보하다, 겸손하게 사양하다

복습하기

단어. 듣기. 어법. 작문 파트의 문제로 제4과에서 배운 내용을 복습해 보세요.

1 단어

(1) 빈칸을 알맞게 채워 넣어 보세요.

한자	병음	뜻
血型	❶	혈액형
❷	tǐtiē	자상하게 대하다
星座	❸	별자리
❹	tuīcè	예측하다, 추측하다
网站	❺	웹사이트
相符	xiāngfú	❻
❼	wěnhé	들어맞다, 일치하다
脾气	píqi	❽

(2) 위에서 복습한 단어 중에서 알맞은 단어를 넣어 문장을 완성해 보세요.

❶ 他对女朋友很＿＿＿＿＿＿。

❷ 你应该改掉自己倔强的坏＿＿＿＿＿＿＿。

❸ 算命先生说他们俩生辰八字不＿＿＿＿＿＿＿。

❹ 他性格很温顺，＿＿＿＿＿＿可能是O型吧。

2 듣기

(1) 녹음을 듣고 문장을 완성해 보세요. 🎧 W-04-01

❶ 看星座有时还是比较＿＿＿＿＿＿的。

❷ 他连一个小飞虫都怕得＿＿＿＿＿＿。

❸ 这些活动在中国是被＿＿＿＿＿＿的。

❹ 他们俩因为性格差异常常发生一些＿＿＿＿＿＿。

(2) **녹음을 듣고 질문에 알맞은 답을 골라 보세요.** 🎧 W-04-02

❶ 这句话是什么意思?

ⓐ 血型不能决定性格。　　　ⓑ 能用血型判断性格。

ⓒ 血型和性格密切相关。　　　ⓓ 没有人相信血型能决定性格。

❷ 这句话是什么意思?

ⓐ 你算命算得不错。　　　ⓑ 你想当算命先生。

ⓒ 你不一定是算命先生。　　　ⓓ 你一定会成为一位名人。

❸ 这句话是什么意思?

ⓐ 他没学过汉字。　　　ⓑ 他认识的汉字很多。

ⓒ 他对汉字很感兴趣。　　　ⓓ 他对汉字不感兴趣。

(3) **녹음의 대화를 듣고 질문에 알맞은 답을 골라 보세요.** 🎧 W-04-03

❶ 女的说的是什么意思?

ⓐ 她现在比较有钱。　　　ⓑ 那我现在应该这么穷才对啊。

ⓒ 她不相信生辰八字。　　　ⓓ 她的生辰八字不太好。

❷ 女的说的是什么意思?

ⓐ 她信基督教。　　　ⓑ 她快要有宗教信仰了。

ⓒ 她没有宗教信仰。　　　ⓓ 每个人都要有宗教信仰。

❸ 女的说的是什么意思?

ⓐ 男的不认识张明。　　　ⓑ 她同意男的的看法。

ⓒ 她认识张明已经很久了。　　　ⓓ 张明的性格不见得那么谦虚。

❹ 从他们的对话,我们可以知道什么?

ⓐ 男的是韩国人。　　　ⓑ 女的是中国人。

ⓒ 女的有中国朋友。　　　ⓓ 在中国有很多迷信活动。

3 어법

(1) 다음 단문을 읽고 빈칸에 들어갈 단어를 순서대로 나열한 것을 골라 보세요.

❶ 网上说，他们俩虽然有时会因为性格差异_____一些冲突，但俩人都会在经济方面_____很大的成功，而且健康长寿，白头谐老。听到这些话，德华高兴得_____。

ⓐ 发展　　做到　　了不起
ⓑ 发生　　取得　　不得了
ⓒ 发现　　成为　　差不多
ⓓ 发生　　做到　　不得了

❷ 其实星座也不是都那么准。我有一个朋友，_____星座上说的，本来应该非常勇敢，可他_____连一个小飞虫都怕得要命。如果只_____血型和星座就能预测一个人的命运的话，那生活也就太没有意思了。

ⓐ 按照　　反而　　通过
ⓑ 随着　　当然　　由于
ⓒ 自从　　果然　　对于
ⓓ 按照　　果然　　通过

(2) 다음 중 어법적으로 오류가 있는 문장을 골라 보세요.

ⓐ 从这一点来看，他的看法没有问题。
ⓑ 他的汉语不见得说得比我好。
ⓒ 其实星座也是不都那么准。
ⓓ 没想到周末反而更忙了。

4 작문

(1) **다음을 바르게 배열하여 문장을 완성해 보세요.**

❶ 仍然 / 看风水 / 很多人的 / 欢迎 / 受到

→ _____。

❷ 准确的 / 还是 / 有时 / 看星座 / 比较

→ _____。

❸ 推测 / 就喜欢 / 自己的命运 / 自古 / 人们 / 通过自然

→ _____。

❹ 帮朋友 / 我 / 他的人生命运 / 看了 / 在网站上

→ _____。

❺ 仍是 / 一种 / 看俩人的 / 生辰八字 / 风俗

→ _____。

(2) **괄호 안의 표현을 활용하여 다음 우리말을 중국어로 바꿔 보세요.**

❶ 발음으로 본다면, 중국어와 한국어는 매우 다르다. (从……来看)

→ _____。

❷ 그가 네 관점에 동의할 것 같지 않다. (不见得)

→ _____。

❸ 오늘은 운전을 하지 않는 게 좋겠어. 오후에 눈이 올지도 몰라. (说不定)

→ _____。

❹ 그는 나에게 감사하기는커녕, 오히려 나에게 화를 냈다. (反而)

→ _____。

❺ 이 자전거는 탈 사람이 없으니 팔아버리는 것이 좋겠다. (掉)

→ _____。

제4과와 관련된 단어를 추가로 익혀 보세요! 🎧 W-04-04

• 双鱼座 shuāngyúzuò
물고기자리(2/19~3/20)

• 白羊座 báiyángzuò
양자리(3/21~4/19)

• 水瓶座 shuǐpíngzuò
물병자리(1/20~2/18)

• 金牛座 jīnniúzuò
황소자리(4/20~5/20)

• 摩羯座 mójiézuò
염소자리(12/22~1/19)

• 双子座 shuāngzǐzuò
쌍둥이자리(5/21~6/21)

• 射手座 shèshǒuzuò
사수자리(11/23~12/21)

• 巨蟹座 jùxièzuò
게자리(6/22~7/22)

• 天蝎座 tiānxiēzuò
전갈자리(10/24~11/22)

• 天秤座 tiānchèngzuò
천칭자리(9/23~10/23)

• 处女座 chǔnǚzuò
처녀자리(8/23~9/22)

• 狮子座 shīzizuò
사자자리(7/23~8/22)

날짜: . .

05 没想到狗也接受教育!
개도 교육을 받다니!

예습하기

다음은 제5과에 나오는 단어입니다. 각 단어를 여러 번 써 보며 한어병음과 의미를 익혀 보세요.

宠物
chǒngwù 애완동물

诱导
yòudǎo 이끌다, 지도하다

训练
xùnliàn 훈련시키다

翻身
fānshēn 몸을 굴리다, 이리저리 뒤집다

折腾
zhēteng 괴롭히다

眼界
yǎnjiè 시야

孤陋寡闻
gūlòu guǎwén 학문이 얕고 견문이 좁다

托儿所
tuō'érsuǒ 탁아소

教练
jiàoliàn 교관, 코치

养
yǎng 키우다, 기르다

不得了
bùdéliǎo (정도가) 심하다

关键
guānjiàn 매우 중요한

教育
jiàoyù 교육

舍身
shěshēn 자기를 희생하다, 목숨을 바치다

放心
fàngxīn 안심하다, 마음을 놓다

救
jiù 구하다, 구제하다

省得
shěngde ~하지 않도록

保护
bǎohù 보호하다

流言蜚语
liúyán fēiyǔ 유언비어

兽医
shòuyī 수의사

迷惑
míhuò 미혹되다

关心
guānxīn 관심을 쏟다

亲眼
qīnyǎn 직접 제 눈으로

提
tí 들다

目睹
mùdǔ 직접 보다, 목도하다

出动
chūdòng 출동하다

복습하기

단어. 듣기. 어법. 작문 파트의 문제로 제5과에서 배운 내용을 복습해 보세요.

1 단어

(1) 빈칸을 알맞게 채워 넣어 보세요.

한자	병음	뜻
❶	chǒngwù	애완동물
❷	zhēteng	괴롭히다
省得	shěngde	❸
❹	liúyán fēiyǔ	유언비어
关键	❺	매우 중요한
眼界	yǎnjiè	❻
亲眼	qīnyǎn	❼
孤陋寡闻	❽	학문이 얕고 견문이 좁다

(2) 위에서 복습한 단어 중에서 알맞은 단어를 넣어 문장을 완성해 보세요.

❶ 是不是被教练＿＿＿＿＿＿＿＿病的？

❷ 宠物学校让宠物的主人们＿＿＿＿＿＿＿＿目睹训练的过程。

❸ 听你这么一说，真让我大开＿＿＿＿＿＿＿＿。

❹ 狗对主人非常忠心，而且＿＿＿＿＿＿＿＿的时候还会舍身救人。

2 듣기

(1) 녹음을 듣고 문장을 완성해 보세요. ⌂ W-05-01

❶ 主要是进行礼仪训练和＿＿＿＿＿＿＿＿能力等方面的训练。

❷ 八千块几乎是我一个月的＿＿＿＿＿＿＿＿。

❸ 教练们会用食物在小狗面前画圈，诱导小狗＿＿＿＿＿＿＿＿。

❹ 汉妮在宠物＿＿＿＿＿＿＿＿。

30

(2) **녹음을 듣고 질문에 알맞은 답을 골라 보세요.** 🎧 W-05-02

　❶ 这句话是什么意思？

　　　ⓐ 你感冒了。　　　　　　　　ⓑ 你没感冒。
　　　ⓒ 小心别感冒。　　　　　　　ⓓ 你衣服穿得太多。

　❷ 这句话是什么意思？

　　　ⓐ 我也听说过。　　　　　　　ⓑ 我跟你说过。
　　　ⓒ 我以前不知道。　　　　　　ⓓ 我想开开眼界。

　❸ 从这句话，我们可以知道什么？

　　　ⓐ 我没看过她的小包。　　　　ⓑ 我也想买她那样的小包。
　　　ⓒ 我以为她的小包不贵。　　　ⓓ 我也知道她的小包很贵。

(3) **녹음의 대화를 듣고 질문에 알맞은 답을 골라 보세요.** 🎧 W-05-03

　❶ 男的说的是什么意思？

　　　ⓐ 你不要说话。　　　　　　　ⓑ 你也同意吧。
　　　ⓒ 我不想说话。　　　　　　　ⓓ 我同意你的想法。

　❷ 男的说的是什么意思？

　　　ⓐ 今天死了一个同事。　　　　ⓑ 我的同事折腾病了。
　　　ⓒ 我把我的同事折腾苦了。　　ⓓ 我的同事整天没事找事。

　❸ 女的说的是什么意思？

　　　ⓐ 你吃没吃过？　　　　　　　ⓑ 你很孤单吧？
　　　ⓒ 你懂得不多。　　　　　　　ⓓ 你了解得很深。

　❹ 从他们的对话，我们可以知道什么？

　　　ⓐ 女的没开餐厅。　　　　　　ⓑ 男的已经开餐厅了。
　　　ⓒ 女的明年打算开餐厅。　　　ⓓ 女的打算跟男的一起开餐厅。

3 **어법**

(1) **다음 단문을 읽고 빈칸에 들어갈 단어를 순서대로 나열한 것을 골라 보세요.**

❶ 马玲的姐姐_____小就喜欢狗，也喜欢养狗。别人问她为什么这么喜欢狗，她说："狗跟人一样是情感动物，通人性。俗话说'狗不嫌家贫'，狗_____主人非常忠心，而且关键的时候_____会舍身救人。"

ⓐ 在　　　对　　　也
ⓑ 在　　　给　　　还
ⓒ 从　　　给　　　也
ⓓ 从　　　对　　　还

❷ 因为爱狗，所以她姐姐_____参加了动物保护协会，而且选择了"兽医"这一职业。她姐姐对自己的"病人"十分关心，不论刮风下雨_____严冬酷暑，只要谁家的宠物生病了，一个电话，她便会马上提起医药箱"出动"。_____，她又要去给她的"病人"看病了。

ⓐ 不论　　　还是　　　还好
ⓑ 不仅　　　还是　　　这不
ⓒ 不仅　　　就是　　　还好
ⓓ 不论　　　就是　　　这不

(2) **다음 중 어법적으로 오류가 있는 문장을 골라 보세요.**

ⓐ 昨天给你打电话的时，你说你正在医院。
ⓑ 上个月我把它送到了宠物学校。
ⓒ 这个学校里的教练从不打宠物。
ⓓ 你对宠物学校的训练过程十分了解喽？

4 작문

(1) 다음을 바르게 배열하여 문장을 완성해 보세요.

❶ 看病 / 我 / 宠物医院 / 汉妮 / 给 / 正在

→ _____。

❷ 让 / 宠物学校 / 宠物的主人们 / 亲眼 / 训练的过程 / 目睹

→ _____。

❸ 你 / 大开眼界 / 听 / 这么一说 / 让我 / 真

→ _____。

❹ 方面的 / 礼仪训练 / 和反应能力等 / 进行 / 主要是 / 训练

→ _____。

❺ 都是 / 进行训练的 / 对宠物们 / 诱导的方式 / 教练们 / 通过

→ _____。

(2) 괄호 안의 표현을 활용하여 다음 우리말을 중국어로 바꿔 보세요.

❶ 나는 대학교에 합격해서 너무나 기쁘다. (不得了)

→ _____。

❷ 그들이 헤어질 줄 몰랐는걸. (没想到)

→ _____。

❸ 그는 일본어를 할 줄 알 뿐만 아니라 중국어도 할 줄 안다. (不仅……而且)

→ _____。

❹ 모두들 그의 말에 감동을 받았다. (被……所)

→ _____。

❺ 부모님께서 걱정하지 않도록 도착한 후에 얼른 전화 좀 해라. (省得)

→ _____。

플러스 단어

제5과와 관련된 단어를 추가로 익혀 보세요! 🎧 W-05-04

- **金鱼** jīnyú 금붕어
- **蜥蜴** xīyì 도마뱀
- **热带鱼** rèdàiyú 열대어
- **变色龙** biànsèlóng 카멜레온

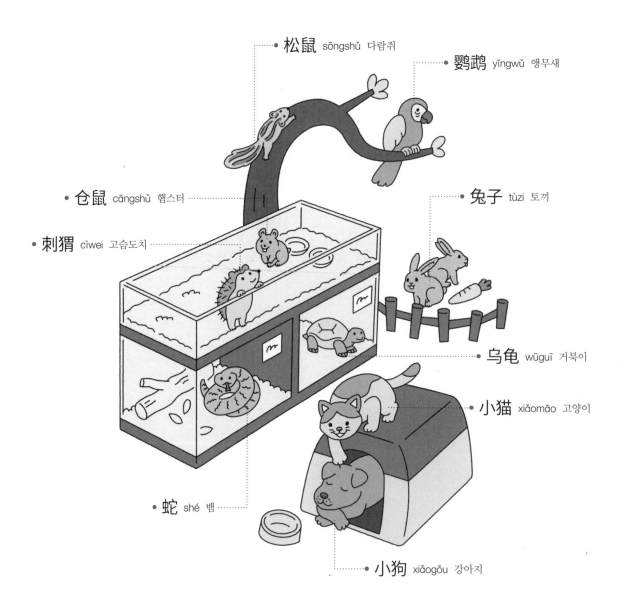

- **松鼠** sōngshǔ 다람쥐
- **鹦鹉** yīngwǔ 앵무새
- **仓鼠** cāngshǔ 햄스터
- **刺猬** cìwei 고슴도치
- **兔子** tùzi 토끼
- **乌龟** wūguī 거북이
- **小猫** xiǎomāo 고양이
- **蛇** shé 뱀
- **小狗** xiǎogǒu 강아지

07 你是怎么看待"整容"这个问题的?

당신은 '성형'이라는 이 문제를 어떻게 보나요?

 예습하기 ·······································

다음은 제7과에 나오는 단어입니다. 각 단어를 여러 번 써 보며 한어병음과 의미를 익혀 보세요.

整容 zhěngróng 성형하다	**打扮** dǎban 치장하다, 화장하다, 꾸미다
明星 míngxīng 스타, 유명 연예인	**脱胎换骨** tuōtāi huàn gǔ 환골탈태
追求 zhuīqiú 추구하다	**适当** shìdàng 적절하다, 적합하다
外在 wàizài 외적인, 외형의	**恢复** huīfù 회복하다
特地 tèdì 특별히, 일부러	**照片** zhàopiàn 사진
看待 kàndài 대하다, 다루다	**莫非** mòfēi 설마 ~는 아니겠지? 혹시 ~이 아닐까?
外貌 wàimào 외모, 용모	**打听** dǎtīng 알아보다, 물어보다
信心 xìnxīn 자신감, 확신	**摘** zhāi (쓰거나 걸려 있는 물건을) 벗다, 떼다
美好 měihǎo 훌륭하다, 아름답다	**眼镜** yǎnjìng 안경
理解 lǐjiě 알다, 이해하다	**陌生** mòshēng 낯설다
想法 xiǎngfǎ 생각, 의견	**眨眼** zhǎyǎn 눈을 깜짝이다(아주 짧은 시간을 비유함)
美化 měihuà 아름답게 꾸미다	**书生气** shūshēngqì 서생 티, 선비 기질
重视 zhòngshì 중시하다, 중요시하다	**十足** shízú 충분하다, 충족하다

단어. 듣기. 어법. 작문 파트의 문제로 제7과에서 배운 내용을 복습해 보세요.

1 단어

(1) 빈칸을 알맞게 채워 넣어 보세요.

한자	병음	뜻
整容	❶	성형하다
❷	wàimào	외모, 용모
明星	míngxīng	❸
❹	kàndài	대하다, 다루다
打扮	❺	치장하다, 화장하다, 꾸미다
打听	dǎtīng	❻
陌生	mòshēng	❼
❽	shūshēngqì	서생 티, 선비 기질

(2) 위에서 복습한 단어 중에서 알맞은 단어를 넣어 문장을 완성해 보세요.

❶ 明星们做_____手术的不少。

❷ 你是怎么_____这个问题的?

❸ 她烫了发后，我觉得她有点儿_____。

❹ 你去_____一下有关他的消息。

2 듣기

(1) 녹음을 듣고 문장을 완성해 보세요. 🎧 W-07-01

❶ 她对自己的外貌没有_____。

❷ "美"在于一个人的_____。

❸ 有些人只_____外表，每天长打扮短打扮的。

❹ 你这么漂亮，_____也做整容了?

36

(2) 녹음을 듣고 질문에 알맞은 답을 골라 보세요. 🎧 W-07-02

❶ 这句话是什么意思?

ⓐ 喜欢打扮的人一直很多。　　ⓑ 注重外表的人多起来了。

ⓒ 重视外表的人以前也很多。　　ⓓ 从外貌能推测出人的性格。

❷ 这句话是什么意思?

ⓐ 韩国以做整容而闻名。　　ⓑ 中国人来做整容的不多。

ⓒ 来韩国做整容的外国人不多。　　ⓓ 外国人没有韩国人那么喜欢做整容。

❸ 从这句话,我们可以知道什么?

ⓐ 小李的眼镜丢了。　　ⓑ 小李的视力恢复了。

ⓒ 小李想继续戴眼镜。　　ⓓ 小李想换一副眼镜。

(3) 녹음의 대화를 듣고 질문에 알맞은 답을 골라 보세요. 🎧 W-07-03

❶ 女的说的是什么意思?

ⓐ 反对做整容　　ⓑ 整容要做得自然一点儿。

ⓒ 她以前做过整容。　　ⓓ 整容技术比以前好多了。

❷ 女的说的是什么意思?

ⓐ 男的记性很好。　　ⓑ 她很喜欢戴眼镜。

ⓒ 男的以前戴过眼镜。　　ⓓ 她现在不戴眼镜了。

❸ 女的说的是什么意思?

ⓐ 她的手机丢了。　　ⓑ 她不喜欢用手机。

ⓒ 她出门时没带手机。　　ⓓ 她今天一直在家。

❹ 女的说的是什么意思?

ⓐ 女的不知道男的努力不努力。　　ⓑ 男的学习很努力。

ⓒ 男的很难提高汉语水平。　　ⓓ 男的应该努力学习汉语。

3 어법

(1) **다음 단문을 읽고 빈칸에 들어갈 단어를 순서대로 나열한 것을 골라 보세요.**

❶ 我并不喜欢"脱胎换骨"式的整容，只是觉得可以＿＿＿＿＿＿适当的整容为
自己恢复信心。老人们常说，＿＿＿＿＿＿一个人的外貌能推测出一个人的
性格、预测出一个人的未来。如果做了整容手术，就很难通过外貌预测那
个人的性格和未来了，＿＿＿＿＿＿把小时候的照片拿来看。

    ⓐ 通过   从   除非
    ⓑ 经过   在   但是
    ⓒ 按照   对   而且
    ⓓ 通过   在   除非

❷ 马玲说她的手术做得很成功，近视眼手术＿＿＿＿＿＿了她的人生，明年她
＿＿＿＿＿＿打算做整容手术。听到这话，马玲的男友＿＿＿＿＿＿她说：
"我喜欢的是现在的你，我觉得现在的你最漂亮。"

    ⓐ 变化   又   对
    ⓑ 换成   再   给
    ⓒ 改变   还   对
    ⓓ 改变   还   给

(2) **다음 중 어법적으로 오류가 있는 문장을 골라 보세요.**

    ⓐ 跟以前相比，普通人做整容手术的也多起来了。
    ⓑ 在我看来，他不应该这么做。
    ⓒ 学习汉语的目的在想了解中国。
    ⓓ 从来没想过要做整容手术。

4 작문

(1) **다음을 바르게 배열하여 문장을 완성해 보세요.**

❶ 也是 / 做 / 理解的 / 整容手术 / 可以

→ _____ 。

❷ 对 / 没有 / 信心 / 自己的外貌 / 有很多人

→ _____ 。

❸ 没有 / 做 / 整容手术的 / 普通人 / 明星们那么 / 多

→ _____ 。

❹ 她的 / 很 / 成功 / 马玲说 / 做得 / 手术

→ _____ 。

❺ 也 / 了 / 越来越多 / 学生 / 去国外 / 留学的

→ _____ 。

(2) **괄호 안의 표현을 활용하여 다음 우리말을 중국어로 바꿔 보세요.**

❶ 외국인이 보기에 한국인의 성격은 급하다. (在……看来)

→ _____ 。

❷ 중국어 수준을 향상시키는 데 관건은 많이 말하고 많이 듣는 데 있다. (在于)

→ _____ 。

❸ 내 여동생은 매일 집을 나가기 전에 항상 이리저리 꾸민다. (长……短……)

→ _____ 。

❹ 그가 왜 아직 안 오지? 설마 시간을 잘못 기억한 것은 아니겠지? (莫非)

→ _____ 。

❺ 외재적인 미(美)를 추구할수록 자신의 외모에 자신감이 없어진다. (越……越……)

→ _____ 。

제7과와 관련된 단어를 추가로 익혀 보세요! 🎧 W-07-04

- 围巾 wéijīn 목도리
- 领带 lǐngdài 넥타이
- 皮带 pídài 가죽벨트

- 发夹 fàjiā 머리핀
- 迷你裙 mínǐqún 미니스커트
- 长筒袜 chángtǒngwà 밴드스타킹

- 卷发 juǎnfà 곱슬머리
- 发带 fàdài 머리띠
- 长发 chángfà 긴 머리
- 夹克 jiākè 재킷
- 风衣 fēngyī 윈드재킷, 바람막이
- 毛衣 máoyī 스웨터
- 连衣裙 liányīqún 원피스
- 牛仔裤 niúzǎikù 청바지
- 裤袜 kùwà 팬티스타킹
- 皮鞋 píxié 가죽 구두

08 听说你正在准备结婚，够忙的吧？

결혼 준비를 하고 있다고 들었는데, 많이 바쁘죠?

예습하기

다음은 제8과에 나오는 단어입니다. 각 단어를 여러 번 써 보며 한어병음과 의미를 익혀 보세요.

婚礼
hūnlǐ 결혼식

代办
dàibàn 대행하다, 대신 처리하다

订
dìng 예약하다

平等
píngděng 평등

冰箱
bīngxiāng 냉장고

夫妻
fūqī 부부

洗衣机
xǐyījī 세탁기

责任
zérèn 책임

所谓
suǒwèi 소위, 이른바

缓慢
huǎnmàn (속도가) 완만하다, 느리다

存折
cúnzhé 통장

缝纫机
féngrènjī 재봉틀

贷款
dàikuǎn 대출금, 대출하다

实力
shílì 실력

还
huán 갚다, 보답하다

巨大
jùdà 거대하다, 어마어마하다

少不了
shǎobuliǎo 빼놓을 수 없다

走入
zǒurù 들어가다

酒席
jiǔxí 연회석

千家万户
qiānjiā wànhù 수많은 가구, 많은 집

摄像
shèxiàng 촬영, 촬영하다

飞跃
fēiyuè 비약하다, 비약(적인 발전)

国庆节
Guóqìng Jié 궈칭지에[국경절]

保险
bǎoxiǎn 보험

断
duàn 끊(어지)다, 단절하다

物质
wùzhì 물질

단어. 듣기. 어법. 작문 파트의 문제로 제8과에서 배운 내용을 복습해 보세요.

1 단어

(1) 빈칸을 알맞게 채워 넣어 보세요.

한자	병음	뜻
❶	jiéhūnzhèng	결혼 증서
洗衣机	xǐyījī	❷
存折	cúnzhé	❸
贷款	❹	대출금, 대출하다
❺	shèxiàng	촬영, 촬영하다
缝纫机	féngrènjī	❻
缓慢	❼	(속도가) 완만하다, 느리다
❽	qiānjiā wànhù	수많은 가구, 많은 집

(2) 위에서 복습한 단어 중에서 알맞은 단어를 넣어 문장을 완성해 보세요.

❶ 中国人结婚都要有_____，你呢，办证了没有?

❷ 我哪有那么多钱，我是_____买的房子。

❸ 改革开放带来了巨大变化，彩电渐渐走入了_____。

❹ 七十年代中国经济_____增长，手表、自行车、缝纫机成为了家庭经济实力的象征。

2 듣기

(1) 녹음을 듣고 문장을 완성해 보세요. 🎧 W-08-01

❶ _____的日子订了吗?

❷ 趁放长假正好去度_____。

❸ 我为了预订_____，差点儿跑断了腿。

❹ 不要把买房的_____都放到自己身上。

(2) **녹음을 듣고 질문에 알맞은 답을 골라 보세요.** 🎧 W-08-02

　❶ 这句话是什么意思?

　　ⓐ 我们在国庆节订婚了。　　　　ⓑ 我们在国庆节结婚了。
　　ⓒ 我们在国庆节参加婚礼。　　　ⓓ 我们打算在国庆节结婚。

　❷ 这句话是什么意思?

　　ⓐ 找工作很容易。　　　　　　　ⓑ 我今年打算找工作。
　　ⓒ 我从今年开始工作。　　　　　ⓓ 我从去年开始工作。

　❸ 从这句话,我们可以知道什么?

　　ⓐ 我在找工作。　　　　　　　　ⓑ 我的钱不多。
　　ⓒ 我工作好多年了。　　　　　　ⓓ 我的钱没有你那么多。

(3) **녹음의 대화를 듣고 질문에 알맞은 답을 골라 보세요.** 🎧 W-08-03

　❶ 从他们的对话,我们可以知道什么?

　　ⓐ 男的很想买新车。　　　　　　ⓑ 男的贷款买的房子。
　　ⓒ 男的很想买房子。　　　　　　ⓓ 男的贷款买的车子。

　❷ 女的说的是什么意思?

　　ⓐ 女的没带报告来。　　　　　　ⓑ 女的已经交报告了。
　　ⓒ 女的的报告不见了。　　　　　ⓓ 男的把女的的报告拿走了。

　❸ 女的说的是什么意思?

　　ⓐ 一定跟老张结婚。　　　　　　ⓑ 他们还没谈过结婚这个问题。
　　ⓒ 女的想跟老张结婚。　　　　　ⓓ 他们只是有来往而已。

　❹ 从他们的对话,我们可以知道什么?

　　ⓐ 他们俩要结婚。　　　　　　　ⓑ 女的快要结婚了。
　　ⓒ 他们一起去选婚纱。　　　　　ⓓ 女的已经办结婚证了。

3 어법

(1) **다음 단문을 읽고 빈칸에 들어갈 단어를 순서대로 나열한 것을 골라 보세요.**

❶ 中国人结婚的三大件＿＿＿＿＿＿了一个家庭＿＿＿＿＿＿一个人的收入水平。二十世纪七十年代，中国经济缓慢增长，手表、自行车、缝纫机成为了家庭经济实力的象征；八十年代中后期，改革开放带来了巨大变化，彩电、冰箱、洗衣机渐渐＿＿＿＿＿＿了千家万户。

    ⓐ 象征　　　还是　　　走入
    ⓑ 代表　　　或者　　　走入
    ⓒ 代表　　　还是　　　进去
    ⓓ 象征　　　或者　　　进去

❷ 九十年代，电话、空调和电脑开始走进人们的生活；二十一世纪初，人们的生活出现飞跃，汽车、房子和存折＿＿＿＿＿＿必不可少。虽然结婚与否＿＿＿＿＿＿金钱的多少，但越来越多的青年开始＿＿＿＿＿＿物质所迷惑。

    ⓐ 变成　　　不在于　　　给
    ⓑ 变成　　　不在乎　　　被
    ⓒ 变得　　　不在乎　　　给
    ⓓ 变得　　　不在于　　　被

(2) **다음 중 어법적으로 오류가 있는 문장을 골라 보세요.**

    ⓐ 我才工作了几年。
    ⓑ 我从电视上看到了汉江。
    ⓒ 结婚的日子就订了在情人节。
    ⓓ 我爱人连结婚纪念日也不记得。

4 작문

(1) **다음을 바르게 배열하여 문장을 완성해 보세요.**

❶ 今天 / 蜜月旅行的地点 / 我和马玲 / 商量 / 约好 / 一起

→ _____ 。

❷ 自己身上 / 把买房的责任 / 不要 / 放到 / 都

→ _____ 。

❸ 度蜜月 / 趁 / 去 / 放长假 / 正好

→ _____ 。

❹ 到时候 / 我的婚礼 / 一定 / 你可 / 要来 / 参加

→ _____ 。

❺ 房子 / 的 / 我 / 是 / 买 / 贷款

→ _____ 。

(2) **괄호 안의 표현을 활용하여 다음 우리말을 중국어로 바꿔 보세요.**

❶ 나는 방학을 이용해서 남부로 여행을 갈 예정이다. (趁)

→ _____ 。

❷ 내 친구들은 만나면 술 마시는 걸 빼 놓을 수 없다. (少不了)

→ _____ 。

❸ 나는 집은 말할 것도 없고 차도 없다. (别说……就是)

→ _____ 。

❹ 네가 사려던 물건 다 샀니? (齐)

→ _____ 。

❺ 사회가 발전하면서 사람들의 생활환경에 대한 요구가 점점 높아진다. (随着)

→ _____ 。

플러스 단어

제8과와 관련된 단어를 추가로 익혀 보세요! 🎧 W-08-04

- 找对象 zhǎo duìxiàng 결혼상대를 찾다
- 相亲 xiāngqīn 맞선을 보다
- 嫁 jià 시집가다
- 娶 qǔ 장가가다
- 喜帖 xǐtiě 청첩장

- 贺客/嘉宾 hèkè/jiābīn 하객
- 结婚礼金/喜钱 jiéhūn lǐjīn/xǐqián 축의금
- 结婚戒指 jiéhūn jièzhi 결혼반지
- 婚照 hūnzhào 결혼사진
- 气球 qìqiú 풍선

- 新郎 xīnláng 신랑
- 新娘 xīnniáng 신부
- 蜡烛 làzhú 초
- 花束 huāshù 부케
- 婚纱 hūnshā 웨딩드레스
- 婚礼司仪 hūnlǐ sīyí 결혼식 주례

09 我也很想了解一下中国人的结婚风俗。

중국인의 결혼 풍습도 알고 싶어요.

예습하기

다음은 제9과에 나오는 단어입니다. 각 단어를 여러 번 써 보며 한어병음과 의미를 익혀 보세요.

新郎
xīnláng 신랑

排场
páichǎng 겉치레, 허례허식, 사치

新娘
xīnniáng 신부

绕
rào 돌다

梳洗
shūxǐ 단장하다, 머리를 빗고 세수를 하다

出色
chūsè 탁월하다

亲戚
qīnqi 친척

烦恼
fánnǎo 걱정하다, 걱정

迎接
yíngjiē 맞이하다, 영접하다

殿堂
diàntáng 전당

经过
jīngguò 지나다, 거치다

爱人
àiren 남편, 아내

关卡
guānqiǎ 관문

有为
yǒuwéi 장래성이 있다, 전도 유망하다

刁难
diāonàn 괴롭히다, 못살게 굴다

公公
gōnggong 시아버지

认可
rènkě 허락을 받다, 승낙하다

依赖
yīlài 의지하다

名牌
míngpái 유명 상표, 유명 브랜드

单过
dānguò 따로 살다

轿车
jiàochē 승용차

核心家庭
héxīn jiātíng 핵가족

组成
zǔchéng 조성하다, 구성하다

照顾
zhàogù 돌보다, 보살피다

搞
gǎo 하다, 처리하다

孝心
xiàoxīn 효심, 효도

단어, 듣기, 어법, 작문 파트의 문제로 제9과에서 배운 내용을 복습해 보세요.

1 단어

(1) 빈칸을 알맞게 채워 넣어 보세요.

한자	병음	뜻
❶	shūxǐ	단장하다, 머리를 빗고 세수를 하다
迎接	yíngjiē	❷
名牌	míngpái	❸
轿车	❹	승용차
出色	chūsè	❺
❻	fánnǎo	걱정하다, 걱정
依赖	❼	의지하다
❽	zhàogù	돌보다, 보살피다

(2) 위에서 복습한 단어 중에서 알맞은 단어를 넣어 문장을 완성해 보세요.

❶ 亲戚朋友一起准备＿＿＿＿＿＿＿＿新郎的到来。

❷ 你不要为那件事＿＿＿＿＿＿＿＿，我会帮你的。

❸ 结婚以后，他们不想＿＿＿＿＿＿＿＿父母。

❹ 她最近工作很忙，没有时间＿＿＿＿＿＿＿＿自己的小家庭。

2 듣기

(1) 녹음을 듣고 문장을 완성해 보세요. 🎧 W-09-01

❶ 我也很想了解一下中国人的结婚＿＿＿＿＿＿＿＿。

❷ 他们会故意＿＿＿＿＿＿＿＿新娘的好友们一番。

❸ 我以前在电视上看过这个＿＿＿＿＿＿＿＿。

❹ 普通人一般不会搞这么大的＿＿＿＿＿＿＿＿。

(2) **녹음을 듣고 질문에 알맞은 답을 골라 보세요.** 🎧 W-09-02

❶ 这句话是什么意思？

ⓐ 美英没有哥哥。　　　　　　ⓑ 美英喜欢小李。
ⓒ 小李对美英非常好。　　　　ⓓ 小李是美英的哥哥。

❷ 这句话是什么意思？

ⓐ 新娘要出去接新郎。　　　　ⓑ 新郎不能把新娘带走。
ⓒ 新娘不想和新郎一起走。　　ⓓ 新郎可能要经过几道关卡。

❸ 从这句话，我们可以知道什么？

ⓐ 我又有男朋友了。　　　　　ⓑ 我不想交男朋友。
ⓒ 我还没找到好对象。　　　　ⓓ 我希望有一个很帅的男朋友。

(3) **녹음의 대화를 듣고 질문에 알맞은 답을 골라 보세요.** 🎧 W-09-03

❶ 女的说的是什么意思？

ⓐ 她身体已经好了。　　　　　ⓑ 她一定会去参加婚礼。
ⓒ 她已经很久没有见到马玲了。　ⓓ 她可能不去参加婚礼。

❷ 女的说的是什么意思？

ⓐ 她爱人不想工作。　　　　　ⓑ 她自己还没找到工作。
ⓒ 他们可能和父母住在一起。　ⓓ 他们的父母不想和他们住在一起。

❸ 女的说的是什么意思？

ⓐ 新娘没学过韩语。　　　　　ⓑ 新娘不会说汉语。
ⓒ 她以为新娘不是韩国人。　　ⓓ 她听不出新娘是中国人。

❹ 女的说的是什么意思？

ⓐ 男的看错人了。　　　　　　ⓑ 她没有男朋友。
ⓒ 男的认识她的弟弟。　　　　ⓓ 男的没见过她的弟弟。

3 어법

(1) **다음 단문을 읽고 빈칸에 들어갈 단어를 순서대로 나열한 것을 골라 보세요.**

❶ 我以前在电视上看过这个场面，新娘家为了＿＿＿＿＿＿"函"，不仅要给新郎的好友红包，还要给他们做可口的饭菜。中国可就大不一样了，新郎＿＿＿＿＿＿能接走新娘，不仅要给新娘的好友红包，还要给新娘的父母上茶，＿＿＿＿＿＿他们的认可。

ⓐ 拿到　　　为了　　　得到
ⓑ 得到　　　既然　　　听到
ⓒ 受到　　　因为　　　收到
ⓓ 拿到　　　为了　　　收到

❷ 三年前＿＿＿＿＿＿系里的学哥介绍，马玲认识了王宏伟，经过三年的交往，昨天俩人＿＿＿＿＿＿走进了结婚的殿堂。马玲的爱人王宏伟是一＿＿＿＿＿＿大公司里年轻有为的工程师。虽然公公家的房子很大，但是他们不想依赖父母，所以通过长期房贷，在公公家附近购买了一所小公寓，自己单过。

ⓐ 随　　　究竟　　　所
ⓑ 经　　　终于　　　家
ⓒ 过　　　原来　　　座
ⓓ 经　　　究竟　　　所

(2) **다음 중 어법적으로 오류가 있는 문장을 골라 보세요.**

ⓐ 新郎一大早就要去新娘家接新娘。
ⓑ 他们结婚用的彩车是从几十辆外国名牌轿车组成的。
ⓒ 马玲夫妻平时忙工作，照顾自己的小家庭。
ⓓ 他们说好，每个周末一定要到父母家尽做儿女的孝心。

4 작문

(1) **다음을 바르게 배열하여 문장을 완성해 보세요.**

❶ 绕 / 他们 / 一周 / 一起 / 坐着彩车 / 城市的主要道路

→ _____ 。

❷ 一次 / 我 / 新郎 / 在路上 / 前几个月 / 见过

→ _____ 。

❸ 在中国 / 出现了 / 核心家庭 / 很多 / 现在 / 像马玲家这样的

→ _____ 。

❹ 结婚 / 钱 / 以后 / 挣够了 / 等 / 再

→ _____ 。

❺ 婚礼 / 好朋友的 / 我 / 能 / 不参加 / 怎么

→ _____ 。

(2) **괄호 안의 표현을 활용하여 다음 우리말을 중국어로 바꿔 보세요.**

❶ 그는 샤오리(小李)에게 책을 10권쯤 빌렸다. (来)

→ _____ 。

❷ 나는 동생보다 머리 하나만큼 키가 더 크다. (형용사+대상+수량)

→ _____ 。

❸ 만일 이렇게 예쁜 여자친구를 만난다면 얼마나 행복할까? (该多……啊)

→ _____ 。

❹ 가자니 시간이 없고 안 가자니 그에게 미안하네. (……吧……, ……吧……)

→ _____ 。

❺ 설령 우리가 동의하지 않더라도 그는 자신의 관점을 고수할 것이다. (即使)

→ _____ 。

제9과와 관련된 단어를 추가로 익혀 보세요! 🎧 W-09-04

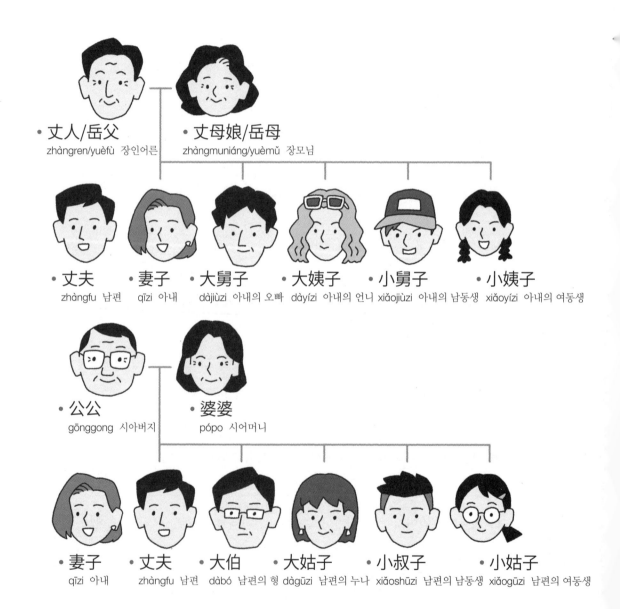

- 丈人/岳父
zhàngren/yuèfù 장인어른

- 丈母娘/岳母
zhàngmuniáng/yuèmǔ 장모님

- 丈夫
zhàngfu 남편

- 妻子
qīzi 아내

- 大舅子
dàjiùzi 아내의 오빠

- 大姨子
dàyízi 아내의 언니

- 小舅子
xiǎojiùzi 아내의 남동생

- 小姨子
xiǎoyízi 아내의 여동생

- 公公
gōnggong 시아버지

- 婆婆
pópo 시어머니

- 妻子
qīzi 아내

- 丈夫
zhàngfu 남편

- 大伯
dàbó 남편의 형

- 大姑子
dàgūzi 남편의 누나

- 小叔子
xiǎoshūzi 남편의 남동생

- 小姑子
xiǎogūzi 남편의 여동생

10 想要男孩儿还是女孩儿?

아들을 원해요, 아니면 딸을 원해요?

 예습하기 ••••••••••••••••••••••••••••••••••••••

다음은 제10과에 나오는 단어입니다. 각 단어를 여러 번 써 보며 한어병음과 의미를 익혀 보세요.

桔子
júzi 귤

尊重
zūnzhòng 존중하다, 중시하다

怀孕
huáiyùn 임신하다

起名
qǐmíng 이름을 짓다

恭喜
gōngxǐ 축하하다

伴随
bànsuí 따라가다, 함께 가다

农活
nónghuó 농사일

频率
pínlǜ 빈도

思想
sīxiǎng 사상

深远
shēnyuǎn 심원하다, 깊고 크다

妇女
fùnǚ 부녀자, 여성

好比
hǎobǐ 마치 ~과 같다

地位
dìwèi 지위

着装
zhuózhuāng 옷차림, 복장

转变
zhuǎnbiàn 바꾸다, 변화

妆扮
zhuāngbàn 옷차림새, 치장

比例
bǐlì 비율

表达
biǎodá (사상이나 감정을) 나타내다

平衡
pínghéng 평형되게 하다, 균형 있게 하다

愿望
yuànwàng 희망, 소망

无所谓
wúsuǒwèi 상관없다

祝福
zhùfú 축복, 축복하다

用心
yòngxīn 마음을 쓰다, 심혈을 기울이다

至于
zhìyú ~으로 말하자면

培养
péiyǎng 양성하다, 키우다

费用
fèiyòng 비용

단어. 듣기. 어법. 작문 파트의 문제로 제10과에서 배운 내용을 복습해 보세요.

1 단어

(1) 빈칸을 알맞게 채워 넣어 보세요.

한자	병음	뜻
桔子	❶	귤
❷	huáiyùn	임신하다
转变	❸	바꾸다, 변화
伴随	bànsuí	❹
用心	❺	마음을 쓰다, 심혈을 기울이다
着装	zhuózhuāng	❻
❼	pínlǜ	빈도
❽	zhuāngbàn	옷차림새, 치장

(2) 위에서 복습한 단어 중에서 알맞은 단어를 넣어 문장을 완성해 보세요.

❶ 我爱人_____了。

❷ 名字会_____人的一生。

❸ 不管生男生女，都要_____地去教育、培养。

❹ 韩国重男轻女的现象有了很大_____。

2 듣기

(1) 녹음을 듣고 문장을 완성해 보세요. 🎧 W-10-01

❶ 以前男女比例很不_____，一个班里男生多、女生少。

❷ 现在社会发生了_____的变化。

❸ "_____"、"养儿防老"是中国几千年的传统思想。

❹ 其实对我和我爱人来说，生男生女真的_____。

(2) **녹음을 듣고 질문에 알맞은 답을 골라 보세요.** 🎧 W-10-02

❶ 这句话是什么意思?

ⓐ 你很奇怪。　　　　　　　ⓑ 不要怪我迟到。

ⓒ 你迟到也不奇怪。　　　　ⓓ 下大雨也不要迟到。

❷ 这句话是什么意思?

ⓐ 今天天气很暖和。　　　　ⓑ 天气暖和起来了。

ⓒ 昨天比今天暖和。　　　　ⓓ 最近每天都很暖和。

❸ 从这句话,我们可以知道什么?

ⓐ 我爱人怀孕了。　　　　　ⓑ 我爱人想要一个孩子。

ⓒ 我爱人下个月就要晋升了。　ⓓ 下个月就是我爱人的生日。

(3) **녹음의 대화를 듣고 질문에 알맞은 답을 골라 보세요.** 🎧 W-10-03

❶ 女的说的是什么意思?

ⓐ 你也一样。　　　　　　　ⓑ 我也这么想。

ⓒ 你不要想得太多。　　　　ⓓ 不是你想的那样。

❷ 女的说的是什么意思?

ⓐ 我想要男孩儿。　　　　　ⓑ 我想要女孩儿。

ⓒ 生男生女无所谓。　　　　ⓓ 我想男女各要一个。

❸ 男的说的是什么意思?

ⓐ 我父母不希望我生小孩。　ⓑ 我父母希望我生一个女孩。

ⓒ 我父母认为男女都一样。　ⓓ 我父母的想法跟我不一样。

❹ 男的说的是什么意思?

ⓐ 我自己给孩子起名字。　　ⓑ 我爷爷会给孩子起名字。

ⓒ 我想让我父亲给孩子起名字。　ⓓ 我请起名公司给孩子起名字。

3 어법

(1) **다음 단문을 읽고 빈칸에 들어갈 단어를 순서대로 나열한 것을 골라 보세요.**

❶ 名字是父母送给孩子的第一件礼物，也是＿＿＿＿＿＿孩子一生的礼物，它的使用时间最长、使用频率最高、对孩子的影响也最为深远。名字好比一个人的着装，＿＿＿＿＿＿自己的妆扮会＿＿＿＿＿＿人留下美好的印象。

ⓐ 伴随　　适合　　给
ⓑ 随着　　适合　　给
ⓒ 伴随　　合适　　对
ⓓ 随着　　合适　　对

❷ 一个好名字不仅代表了父母对孩子深深的爱意，＿＿＿＿＿＿了父母对孩子美好的愿望和祝福，而且能让孩子受益终生。因此，很多父母都请起名公司为自己的子女起一个好名字，＿＿＿＿＿＿起名的费用＿＿＿＿＿＿从几百元到上千元不等。

ⓐ 表达　　以至　　则
ⓑ 表示　　以至　　便
ⓒ 表示　　至于　　便
ⓓ 表达　　至于　　则

(2) **다음 중 어법적으로 오류가 있는 문장을 골라 보세요.**

ⓐ 以前男女比例不平衡，不过现在没有过去那么严重了。
ⓑ 我爱人怀孕了，最近什么都吃不上。
ⓒ 随着妇女地位的提高，重男轻女的现象也有了很大转变。
ⓓ 每当说到起名这个问题，都有点儿头疼。

4 작문

(1) **다음을 바르게 배열하여 문장을 완성해 보세요.**

❶ 桔子 / 你 / 多 / 怎么 / 这么 / 买了

→ _____ 。

❷ 一天比一天 / 你 / 最近 / 人 / 难怪 / 精神

→ _____ 。

❸ 我爱人一样的 / 我 / 长得 / 有一个 / 像 / 希望 / 女儿

→ _____ 。

❹ 深深的 / 一个好名字 / 对孩子 / 父母 / 爱意 / 代表了

→ _____ 。

❺ 其实 / 无所谓 / 我和我爱人来说 / 生男生女 / 对 / 真的

→ _____ 。

(2) **괄호 안의 표현을 활용하여 다음 우리말을 중국어로 바꿔 보세요.**

❶ 이번 경기에 참가하는 것은 나에게 좋은 기회이다. (对……来说)

→ _____ 。

❷ 매번 이 노래를 들을 때면 그가 생각난다. (每)

→ _____ 。

❸ 나는 그녀와 인사를 한 적이 있지만 이름이 뭐고 어디에 사는지는 모른다. (至于)

→ _____ 。

❹ 우리의 생활이 하루하루 좋아진다. (一天比一天)

→ _____ 。

❺ 나는 그녀가 이미 결혼한 줄 알았는데 알고 보니 결혼 안 했어. (原来)

→ _____ 。

플러스 단어

제10과와 관련된 단어를 추가로 익혀 보세요! 🎧 W-10-04

- 奶粉 nǎifěn 분유
- 婴儿背巾 yīng'ér bēijīn 아기띠
- 澡盆/浴盆 zǎopén/yùpén 욕조

- 手推车/婴儿车
  shǒutuīchē/yīng'érchē 유아차, 유모차
- 学步车 xuébùchē 보행기
- 三轮车 sānlúnchē 세발자전거

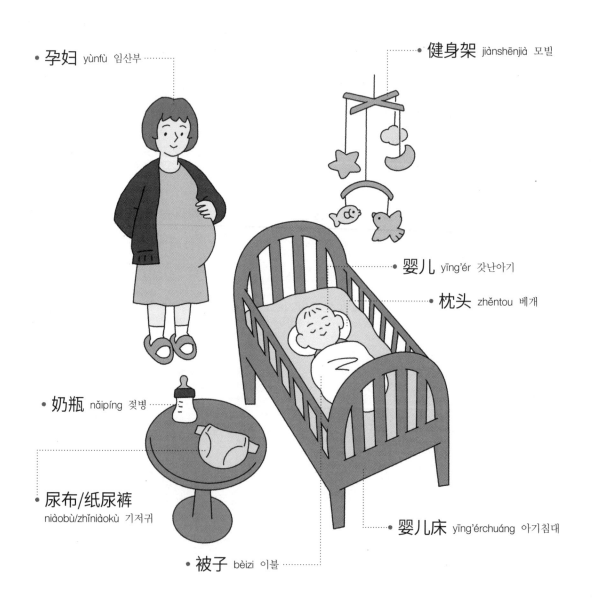

- 孕妇 yùnfù 임산부
- 健身架 jiànshēnjià 모빌
- 婴儿 yīng'ér 갓난아기
- 枕头 zhěntou 베개
- 奶瓶 nǎipíng 젖병
- 尿布/纸尿裤 niàobù/zhǐniàokù 기저귀
- 被子 bèizi 이불
- 婴儿床 yīng'érchuáng 아기침대

11 中国男人比韩国男人多做不少家务。

중국 남자들은 한국 남자들보다 집안일을 많이 해요.

 예습하기

다음은 제11과에 나오는 단어입니다. 각 단어를 여러 번 써 보며 한어병음과 의미를 익혀 보세요.

手艺
shǒuyì 솜씨, 손재주

白天
báitiān 낮

亲自
qīnzì 몸소, 직접

照看
zhàokàn 돌보아 주다, 보살피다

下厨
xiàchú (주방에 가서) 음식을 만들다

家长
jiāzhǎng 학부모

家务
jiāwù 가사, 집안일

宁可
nìngkě 오히려 ~할지언정

消失
xiāoshī 사라지다, 없어지다

私立
sīlì 사립의

来源
láiyuán 내원, 근원

生长
shēngzhǎng 성장하다, 나서 자라다

主导
zhǔdǎo 주도적인

保守
bǎoshǒu 보수적이다

认同
rèntóng 인정, 공감

推移
tuīyí (시간, 기풍 등이) 변화하다

分担
fēndān 분담하다, 나누어 맡다

妻子
qīzi 아내

矛盾
máodùn 문제, 갈등

承担
chéngdān 맡다, 담당하다

一来
yīlái 첫째로는

报名
bàomíng 신청하다, 등록하다

岗位
gǎngwèi 직위, 자리

烹饪
pēngrèn 요리, 조리

占据
zhànjù 차지하다, 점유하다

感慨
gǎnkǎi 감개무량하다

단어. 듣기. 어법. 작문 파트의 문제로 제11과에서 배운 내용을 복습해 보세요.

1 단어

(1) 빈칸을 알맞게 채워 넣어 보세요.

한자	병음	뜻
家务	jiāwù	❶
❷	rèntóng	인정, 공감
岗位	❸	직위, 자리
宁可	❹	오히려 ~할지언정
手艺	shǒuyì	❺
❻	zhǔdǎo	주도적인
承担	❼	맡다, 담당하다
❽	bàomíng	신청하다, 등록하다

(2) 위에서 복습한 단어 중에서 알맞은 단어를 넣어 문장을 완성해 보세요.

❶ 今天可要好好儿尝尝我的_____。

❷ 我_____饿着，也不向别人借钱。

❸ 我打算_____参加烹饪学习班。

❹ 他结婚后与妻子一起_____家务。

2 듣기

(1) 녹음을 듣고 문장을 완성해 보세요. 🎧 W-11-01

❶ 妇女有了自己的经济来源，在社会中的地位也_____。

❷ 家里来客人的时候都是由我爱人亲自_____。

❸ 现在中国"重男轻女"的现象几乎已经_____了。

❹ 他对"男女平等"问题的看法也发生了_____的改变。

(2) **녹음을 듣고 질문에 알맞은 답을 골라 보세요.** 🎧 W-11-02

❶ 这句话是什么意思?

ⓐ 他承担的工作非常多。　　ⓑ 他在公司的地位不算高。
ⓒ 他总是占着很大地方工作。　　ⓓ 他在工作上是很重要的人物。

❷ 这句话是什么意思?

ⓐ 他们分担家务。　　ⓑ 他们的家务不多。
ⓒ 他们不应该都工作。　　ⓓ 他们每天不一起上班。

❸ 这句话是什么意思?

ⓐ 韩国男人更会做家务。
ⓑ 韩国男人不怎么做家务 。
ⓒ 中国男人比韩国男人做更多的家务。
ⓓ 中国男人没有韩国男人那么喜欢做家务。

(3) **녹음의 대화를 듣고 질문에 알맞은 답을 골라 보세요.** 🎧 W-11-03

❶ 女的说的是什么意思?

ⓐ 儿子刚回来。　　ⓑ 儿子又出去了。
ⓒ 我儿子已经回来了。　　ⓓ 没想到你能认出我儿子。

❷ 女的说的是什么意思?

ⓐ 男人的地位很高。　　ⓑ 女人的地位更高。
ⓒ 男人的地位跟女人差不多。　　ⓓ 男人的地位不一定比女人高。

❸ 女的说的是什么意思?

ⓐ 她没时间照顾孩子。　　ⓑ 她父母很喜欢孩子。
ⓒ 父母不想给她看孩子。　　ⓓ 她父母的想法跟她不一样。

❹ 从他们的对话, 我们可以知道什么?

ⓐ 男的结婚前不做饭。　　ⓑ 男的结婚前不吃晚饭。
ⓒ 男的结婚已经很久了。　　ⓓ 男的做饭的手艺很不错。

3 어법

(1) **다음 단문을 읽고 빈칸에 들어갈 단어를 순서대로 나열한 것을 골라 보세요.**

❶ _____女性就业率的不断提高，妇女有了自己的经济来源，她们在社会_____的地位也随之升高。现在的男性们再怎么强调自己的主导地位，_____也很难得到社会的认同。

ⓐ 随着　　中　　恐怕
ⓑ 按照　　下　　一定
ⓒ 即使　　边　　但是
ⓓ 随着　　下　　恐怕

❷ 李东焕来中国一年了，差不多_____适应这儿的生活了。因为他从小_____在一个非常保守的家庭，所以李东焕有点儿"大男子主义"。他刚到中国的时候，看到很多中国男人一下班就回家做饭，觉得很不_____。

ⓐ 几乎　　出生　　适合
ⓑ 还没　　长大　　合适
ⓒ 已经　　生长　　适应
ⓓ 几乎　　生长　　应该

(2) **다음 중 어법적으로 오류가 있는 문장을 골라 보세요.**

ⓐ 中国妇女在家庭中的地位比较高。
ⓑ 我们有家务一起干，否则很容易引起家庭矛盾。
ⓒ 韩国的父母白天会把自己的孩子送到幼儿园。
ⓓ 在家务问题上，年轻人之间在发生了很大的变化。

4 작문

(1) **다음을 바르게 배열하여 문장을 완성해 보세요.**

❶ 在 / 从小 / 他 / 生长 / 非常 / 保守的家庭 / 一个

→ _____。

❷ 一年 / 来 / 已经 / 他 / 中国 / 了

→ _____。

❸ 家里 / 亲自 / 都是 / 下厨 / 由我爱人 / 来客人的时候

→ _____。

❹ 举足轻重的 / 自己的工作岗位上 / 他 / 占据着 / 地位 / 在

→ _____。

❺ 他 / 随着 / 时间的推移 / 接受 / 中国的文化 / 开始

→ _____。

(2) **괄호 안의 표현을 활용하여 다음 우리말을 중국어로 바꿔 보세요.**

❶ 오늘은 네 생일이니, 몇 잔 더 마셔도 괜찮아. (多)

→ _____。

❷ 네가 어떻게 말해도 그는 동의하지 않을 것이다. (再……也……)

→ _____。

❸ 좀 일찍 출발하는 게 좋아. 그렇지 않으면 늦을 거야. (否则)

→ _____。

❹ 오늘 나는 매우 기뻐. 첫째는 오늘이 내 생일이기 때문이고, 둘째는 내가 너를 만날 수 있어서야. (一来……, 二来……)

→ _____。

❺ 우리 부모님은 아마도 내가 해외여행을 가는 것에 동의하지 않을 것이다. (恐怕)

→ _____。

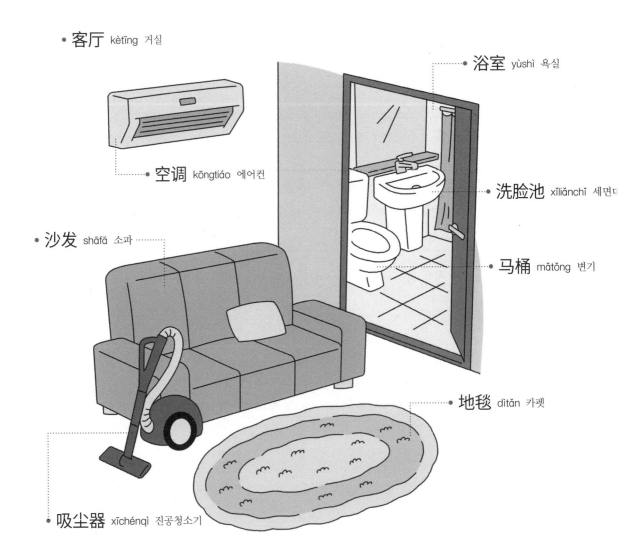

플러스 단어

제11과와 관련된 단어를 추가로 익혀 보세요! 🎧 W-11-04

- 卧室 wòshì 침실
- 衣柜 yīguì 옷장
- 喷头/淋浴头 pēntóu/línyùtóu 샤워기
- 音箱 yīnxiāng 스피커

- 遥控器 yáokòngqì 리모컨
- 阳台 yángtái 베란다
- 洗衣机 xǐyījī 세탁기
- 烘干机 hōnggānjī 건조기

- 客厅 kètīng 거실
- 浴室 yùshì 욕실
- 空调 kōngtiáo 에어컨
- 洗脸池 xǐliǎnchí 세면대
- 沙发 shāfā 소파
- 马桶 mǎtǒng 변기
- 地毯 dìtǎn 카펫
- 吸尘器 xīchénqì 진공청소기

최신
개정

다락원
중국어
마스터

◦ 워크북 ◦

STEP 5